Boris Wild
ボリス・ワイルド
Transparency

ボリス・ワイルド ● 著

富山達也 ● 訳

東京堂出版

Boris WILD

TRANSPARENCY

*The Official Book of the
Boris Wild Marked Deck*

アメリへ　愛を込めて

Contents

日本語版に寄せて .... *vi*
序文 .... *viii*
前書き .... *x*

チャプター1

Introduction *3*
Genesis and Influence *5*
Principle of the Boris Wild Marked Deck *8*
Customization of a Non-Printed BW Marked Deck *15*
Easy Applications *18*
    Spread on the Table or Between Your Hands *18*
    Secretly Determining a Card's Identity *20*
    Using the BW Marked Deck as "Strengthening of Confidence" *22*

チャプター2

Double Revelation *27*
The Ideal Effect *34*
The Challenge *44*
A Nice Pair *50*
Peek Sandwich *55*
Intuitions *62*
Made for Each Other *70*

Out of this Deck *75*
Impossible Divination *86*
Invisible... But Marked! *92*
The Ultimate 21-Card Trick *99*

チャプター3

The Gravity Shuffle *109*
Mental Picture *115*
Runaway *120*
The Missing Link *126*
Deceptive Sandwich *132*
Double Personality *138*
Mind Reading *150*

チャプター4

Concept of the Boris Wild Memorized Deck *163*
   Principle of the BW Memorized Deck *163*
   Easy Applications *168*
Name Any Card *170*
Coincidence *177*
Miracle! *185*
X-Rays *191*
Pure Telepathy *196*

チャプター5

Inexplicable *205*
The Art of Improvising and Defying the Chance Factor *213*
   The Spelling *214*
   The Production *216*

Contents

The Uncontrolled Chance Factor *219*
The Defied Chance Factor *220*
Total Improvisation *221*

Credits *227*
Acknowledgements *229*

訳者あとがき *231*

Transparency

日本語版に寄せて

　日本という国はいつも、そう、私が初めて訪日してマジックを演じたあのときよりも前から、ずっと私の心の中の大切なところにありました。古くから続く文化と先鋭的なテクノロジーとの素晴らしい混淆に、私はいつだって魅了されてきたのです。いくつかのコンベンションで多くの日本人マジシャンの方たちと出会い、そこから長年にわたる友誼を結ぶことができたこと、そして彼らのあたたかさと才能に感銘を受けたことで、日本に行きたいと思う気持ちが強まっていきました。

　いまから10年前、マジックランドの小野坂東様のお招きでレクチャーのために日本へ呼んで頂き、東京の地を踏み、夢を叶えることができました。そこでは自分が考えていたより、もっともっと素晴らしい色々なことを、訪れた場所で出会った方たちから頂いたのです。なにもかもが違うという状況ではありましたが、日本の方たちの素晴らしいおもてなしは世界に知れ渡っていましたし、行く場所ごとにそれを実際に理解することができましたので、私は一度たりとも自分が他所者なのだと感じることはありませんでした。この初めての旅の間はずっと楽しく、今回を最後の日本旅行にはしないぞ、と固く心に誓ったのです。私は日本が心に刻まれた、と嘘偽りなく言えるでしょう。ですからこのたび、マークト・デック(訳注)についての本書を日本語でお届けできることは、とても晴れがましいことなのです。

　人生におけるすべてのことは偶然の出会いです。様々な人々と会い、諸々を分かち合って共に過ごすことですね。ソフィア・コッポラ監督の『Lost in Translation』という、日本を舞台に展開する私の大好きな映画がありますが、そこでもそれを完璧に見せてくれています。そして、いままさにあなたがお持ちのこの本、これとて例外ではありません。数ヶ月前、私の日本でのレクチャー・ツアー

訳注　そのカードがなにか、裏から見て分かるようなマークの付いたギャフ・カードで構成されたデック。

日本語版に寄せて

の最中、東京でたまたま出会った品の良い紳士でありマジシャンでもあるトミー、彼と出会ったことから結実したのがこの本なのです。『書物は美しくあるべき』ということと、『マジックで大切なのは情熱だ』というのが2人の共通した思いでした。ですから、私たちがお互いの情熱と、日本語版の『*Transparency*』制作を決断することを結びつけるのに、そう時間はかかりませんでした。

　この本により、マークト・デックに関する私の作品に日本のマジシャンの皆さんが触れてくれることをとても誇りに感じていますし、名誉なことだと思っています。マークト・デックは私のカード・マジックの演技の仕方を完全に変えました。これによって、もはや単なるカード・トリックなどではない、カードを使った魔法、そういったものを創る新たな基盤が定義されたのです。このおかげで私は毎日、見てくださったお客様たちの記憶に残る、何年もあとになっても彼らの話題に上るような、そんな強力かつありえない魔法のような現象を演じることができています。本書をしっかりと学んだなら、それと同じ奇跡の数々を演じることができるようになるとお約束しましょう。

　日本の友達の皆さん、本書がボリス・ワイルド・マークト・デック・ワールドへの、感動的な旅路になることを祈っています！

2016年　パリにて
ボリス・ワイルド

Transparency

序文

カード・マジシャンなら誰でも一度や二度は、"マークト・デックを使っているのでは"と難癖を付けられたことがあるでしょう。私はあります。ダーウィン・オーティス[訳注]もです。ローマ法王がカード・トリックをやったとしても、きっと同じことでしょう。良いニュースとしては、手品をしないごく一般的なお客さんたちが「なにか印の付いたデックを使っているんだろ？」と言うとき、彼らは自分が何を言っているのか実は何も分かっていない、ということ。これは決まり文句、つい口にしてしまう言い回しであって、カード・マジックで起こった不思議なことについてなんでも説明できてしまう万能の言葉なのです。観客は、ポーカー・デモンストレーションのあとでも、"Twisting the Aces"のあとでも、"Card to Wallet"のあとでもこの台詞を口にします。きっと、"Card Warp"のあとですら、そう言う人はいることでしょう。しかし、どれぐらい巧妙にデックにマークを付けることができて、そしてその情報をどれぐらいずるがしこく使えるかを知っている人は滅多にいません。

数年前、私は自分自身のマークト・デックを作り上げました。コンセプトは単純。太い黒のマーカーで、デックのすべてのカードの裏にカードの名前を堂々と書く、というものなのですが、書きつける先のカードの名前ではなく、まったく別のカードの名前を書くのです。それから、その裏に書いたカードの名前と、書かれたカードの名前を対応させて記憶します。こうすると、デックを取り出したときに観客たちから、「おいおい、カードの裏にみんな書いてあるじゃないか」という突っ込みが来ますので、「ええ、そうですね。でもこのカードと、裏に書いてあるカードの名前は一致していないんです。ですから役には立ちませんけどね」と言うわけです。それから、何かマークト・デックを使うトリックをやります。馬鹿げている？まったくその通りですね。あまりに馬鹿げているので、むしろうまくいく？そんなこ

訳注　Darwin Ortiz。アメリカのマジシャン。

序文

ともありませんね。ということで、私はボリス・ワイルドのマークト・デックを使ってみようと決めたのです。

　すべてのマークト・デックは同じ基準で評価することができます。つまり、マークは疑念をもってデックをじろじろ見ている人の目には見つかりにくく、しかし見るべき箇所を分かっている者の目には見つけやすいものでなくてはなりません。ボリスのデックはこれを、他のどのデックとも違う方法で成し遂げました。彼のマーキング・システムはなぞなぞみたいなもので、答えは明々白々なのに、それを聞くまでは全然分からないのです。実際、ボリスはこのマークの不可視性に自信を持っており、マークを使う使わないにかかわらず、カード・トリックをするときはいつも、このボリス・ワイルド・マークト・デックを使っているくらいです。これが、いままでに考案されたマークト・デックの中で最高のものかどうか、その判断は専門家にお任せします。でも、答えはYESです。

　もちろん、「巧妙なマークト・デックが、カード・トリックを作るわけではない」（byヨーダ）。ですからボリスは作ってきました、ボリス・ワイルド・マークト・デックを使った、素晴らしいトリックの数々を。そのほとんどは、他のマーキング・システムでは不可能なものです。それらが、いままでに考案されたカード・トリックの中で最高のものかどうか、それは歴史が決めることです。でも、答えはYESです。

　最後に。ボリス・ワイルド・マークト・デックを採用するのに、例えばスタックやメモライズド・デックを憶えるときのような感じで腰が引けてしまう気がするそこのあなた、私からひとつ、いいことを教えましょう。いまお読みになっているページ、何ページなのか見てみてください。できましたか？ボリス・ワイルド・マークト・デックはここまでの早さでカードを見分けることができるのです。これで、あなたは歴史上もっとも偉大なマジシャンになれるでしょうか？私は大げさなことを言ってしまう過ちに陥りたくありません。でも、答えはYESです。

デビット・アカー
モントリオールにて　2012年

Transparency

前書き

　世のマジック市場には、たくさんの素晴らしいマークト・デックが売られています。ですが、実際の現場で申し分なく使える、必要とされる品質を満たしているもの、となると、これはもう数えるほどしかありません。

　多くのものは観客の前での使用に堪えません。なぜなら、マークをとても巧妙に隠すあまり、いかなる距離からも、つまり演者自身からさえ見つけにくいような小さな要素を、数えたり探したりしないといけませんからね。数とスートを読み取るのに、なにかしらの光の反射が必要であるとか、特殊なコンタクトレンズを使うとか、カードの裏を何秒か凝視する特殊な訓練が要るようなのについては、もはや言うに及ばずです。何枚かのカードを次々と探さなくてはいけないときに、どれだけ時間がかかるか想像してみてください！

　それから、世の中にはマークト・デックにするために特別にデザインされ、同じデザインのレギュラー・デックが存在しない、というものもあります。デックを取り出してきただけで、マークされていることが素人目にも分かってしまうようなものです。いうまでもなく、こういう類のデックは U.S. プレイング・カード社の作るデックに比べて品質が悪く、美的センスにも疑問符がつくものです。大きな花や時計などが描かれていて[訳注]、これらもまた、カードの数とスートを判別するため、二段階に分けて裏面を注意深く見なければなりません。

　そこまでに使っていたのとはまったく違う裏面デザインのデックを唐突に使い出すということ、これは疑念を引き起こすだけです。もし普通のデックであるのなら、なぜそこで取り替える必要があるのでしょうか？そしてもちろん、デザインが変わってしまってはいかなる秘密のすり替えも使えません。

[訳注] 円状に配された花びらの何枚目が塗りつぶされているかとか、時計の文字盤の何時の目盛りが大きいかなどがマークになっているものがあります。

前書き

　そして最後に、品質もデザインも許容可能なデックも一部にはあるのですが、そういうもののマーキングはとても基本的なもので、注意深い観客にはあっさり見破られてしまいます。カードの裏面にあからさまにそのカードの素性が書いてあったり、例えばカードの左上のような、人が真っ先にチェックするような場所にあったりするのでなおさらです（この位置は、西洋の国々では本などの読み始めの場所です）。

　さらにここで、問題は倍に増えてしまいます。単純なマーキング方法だと、デックの秘密が露見してしまうだけでなく、使用するマークのシステムによる制限によって、演じることのできるトリックの幅が狭まってしまうのです。

　マークト・デックは、なにもテーブルに伏せたカードが何か、ということを知るためだけに使われるものではありません。それは大間違いです。いまお読みになっているこの本では色々な使い方を知ることができるでしょう。

　ですから、私たちに必要なのは、高品質で、普段のパフォーマンスで使っているデックと同じ、それからシステムの読み取りは直接的で、バレにくく、でも見てすぐ判別できる、そんなマークト・デックなのです。

　ええ、もうこれ以上他のものを探さなくてもいいでしょう。なんたって、ボリス・ワイルド・マークト・デックは上述の期待要素をすべて満たす、いや、それ以上のものなのですから！

　なにがいいって、まずはバイシクルのライダー・バック・デックのポーカー・サイズであることです[訳注]。すなわち、全世界でもっとも人気の銘柄ですね。バイシクルのライダー・バックは、世界中の多くのパフォーマーが使っているものです。とすると、他の普通のバイシクルのデックとまったく同じようにボリス・ワイルド・マークト・デックは使うことができますし、別のタイプのデックに慣れたりする必要もなく、お好きな手順を演じることができるでしょう。

　加えて、マーキング・システムを使おうと思ったときも、いかなる秘密のすり替えも必要としません。だってもう既に手に持っているのですから。

[訳注]　2016年7月現在、もうライダー・バック版は販売しておらず、似たデザインのメイデン・バック版になっています。

Transparency

　このマーキング・システムは、バイシクルのライダー・バックのデザインに最適に溶けこむように作られた特別製です。これはマークト・デックにおいては非常に優れた利点です。マークは明らかにくっきり見えているにもかかわらず（無論、手ほどきを受けた演者には、です）、観客たちの目には完全に見えないのですから。

　また、このカード・デザインへの馴染み方だけではありません。ボリス・ワイルド・マークト・デック・システムは、"シャッフルされた裏向きのデックから、どんなカードでも、非常に素早く見つける"ことが可能なのです。これは、世界中にある他のマークト・デックにはできないことです。

　この特性により、あたかも透視能力を与えられたかのごとく、デックのすべてのカードを完全にコントロールできます。少し練習すれば、シャッフルされたデックで特定のカードを探すのに、表向きで見るより裏から見たほうが時間がかからなくなるのです！信じられないことのように思えるかもしれませんが、完全に本当のことです。このあとのページでご覧頂ける、ボリス・ワイルド・マークト・デックのコンセプトのおかげでね。

　ひとたびこのコンセプトを習得すれば、このデックの真価を感じられるいくつかの基本的な使い方が、すぐにでも実践できるでしょう。そうすれば、続く章に記載している手順、私が世界中で、注文の厳しい観客の方々の前で長年演じて磨きあげてきた、本物の小さな奇跡のような作品の数々ですが、それらを演じる準備はできたようなものです。

　手品をしない一般の方たち同様に、手品仲間をも引っ掛けることができること請け合いです。

　ごく一部を除き、本書で解説している手順はボリス・ワイルド・マークト・デックでのみ演じることができます。その独自のコンセプトを活用していますからね。それぞれ熟慮の上、可能な限りシンプルかつ直接的な作品に仕上げています。すべての動作はぎりぎりまで減らし、役に立たなかったり正当性のなかったりする動作は削ぎ落としました。そのためトリックは効率的でパワフルになり……そして本物の魔法のようになっています。

　本書で解説しているほとんどのトリックは、特に難しいテクニックは使いません。ボリス・ワイルド・マークト・デックの扉は開かれています。カード・マジシャンにも、

前書き

そうではないマジシャンたちにも。

　私の経験上、本書の作品で使われている原理は、熱狂的マニア同様、トランプにあまり触れたことのないような人をも同じように楽しませてくれます！これのおかげで、一部の人にカード・マジックを始めさせたり、あるいは再開させたりできたことを誇りに思っています。ありがとう、ボリス・ワイルド・マークト・デック。

　さらに、"Psy-Show"と題した短い論考を各解説の締めに載せていますが、これは心理的な側面にスポットを当てたものです。

　私見ですが、これは手順そのものの記載と同じくらい大切なことです。なぜなら、プレゼンテーションの枠を超え、そして単なるトリックのデモンストレーションからより高い次元へとあなたのパフォーマンスを導く、そういったあらゆる事柄に焦点を当てるものだからです。それが台詞についてのことであろうと、ボディ・ランゲージについてであろうと、観客による現象の分析についてであろうとも、あなたが本書の手順を演じるにあたり、このセクションの内容は、それを真に高めてくれるでしょう。

　さて、今度はあなたの番です！

　読み進めるにつれ、何かしらあなたに訴えかけるものが見つかるでしょう。ビジュアルな現象、ありえないカード当て、独自アイディアや新しいバリエーションなどなど。

　確かなことがひとつあります。ボリス・ワイルド・マークト・デックで演じることのできるマジックのインパクトは、極めて強いということ。すぐにそれ無しではいられなくなるほどにね！

ボリス・ワイルド
ニューヨークにて　2012年

Transparency

オビー・オブライエンと、ラ・ルネサンス・フランセズ表彰を受けたその"養子"

本書の解説中に頻出する主な英語表記は、以下の意味となります。
　Effect：現象の説明
　What You Need：必要なもの
　Preparation：準備
　Performance：演技の手順

チャプター 1

Concept of the Boris Wild Marked Deck

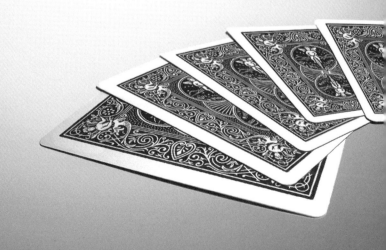

Introduction

　マークのついたカードが、奇術師によって"清く正しく"用いられたという記録は、16世紀まで遡ります。そのコンセプトは、奇術における数々のテクニックと同じように、イカサマや賭博の世界からもたらされたものでした。

　マークト・デックは、プロたちから相当に長い期間冷遇されており、よろしくない評判に甘んじていました。特にカード・マジックの純粋主義者（ピュアリスト）からは。手法が"誠実でない"ように感じられるため、腕のいいマジシャンたちの間ではその使用がタブー視されてきたのです。一部の人は、それを使うなど恥ずべきことだとすら感じていました。いわゆる貫通現象を演じるのに、金属の指輪をあらかじめ割っておくというのがありますが、マークト・デックを使うことは、それよりもさらに不実な行為であるかのように。

　マークト・デックを使うカード・マジシャンなどというのは、グリンプスや効果的なコントロールを学ばない怠惰な連中なのだ、と多くの人が感じていました。一部については事実その通りでしょう。ですが、手順をより直線的、シンプル、純粋にするために、つまりもっと魔法のようにするためにマークト・デックを使っている人もいるのです。心しておくべきはひとつ、"現象がすべて"です。そこで使っている手法がなにかというのは、観客の知ったことではありません。使う手法はあなたの能力に準じて決めればいいのですが、それはまず現象により規定されるものでなくてはなりません。決して忘れてはならないのは、観客たちが知覚するものこそが最終成果物であるということです。

　もし、あるトリックを魔法的なものにする最良の方法が、ものすごく複雑な手法を駆使することなら……まあ、それもいいでしょう。しかし、より単純な手法を用いることで、もし本物の魔法の力をもっていたらこうなるだろう、という現象に至れるとしたら……そのときは……、なぜマジシャンとしての罪悪感やら

Transparency

にとらわれ、その手法を諦めなくてはならないのか、私にはどうしても分かりません。

　私が磨き上げてきた、あなたが本書で出会うトリックの数々は、上で列挙した理想を満たすものです。もしマジックが本物であったなら、仕掛けがないのならどう見えるべきなのかということをイメージしながら考えた作品の数々です。そこを出発点として、きちんと動機のある、トリックを完成させるのに必要なジェスチャーだけを残すため、不要な動きはすべて削りました。

　最後に。カードのマークについて直接的な使い方をすることはほとんどありません。本書のトリックのプレゼンテーションは、マークがあるのかもという疑念を引き起こさせるようなことを、極力排除したつくりになっています。例えば手順のキーとなる瞬間には体ごとうしろを向いているとか、顔を背けていたりとか。マークは、注目が和らいでいる間だけ、ないし手順構造の中で、先手を打てる特定のタイミングでのみ使うものです。それにより、誰もこの悪魔的な手法を疑ったりしないのです。

　それでは、位置について、よーい、ドン！[訳注]

このマークト・デック、マジに使える……

[訳注] 位置についてよーい、ドンは「On your mark... Get set...Go!」なのですが、ここの原文ではmark"s"として、印（マークト・デックのマーク）の意味を重ねたことば遊びをしています。

Genesis and Influence

　ボリス・ワイルド・マークト・デック（以下：BW・マークト・デック）は、各カードの裏面に小さな白い数字がマークされている、というのが基本的な仕組みです。マーキング方法はいくつかあります。大別して、自分で作るか（これについては後ほど触れますが、万年筆や、フェルト・ペン、細筆で描いたり、尖ったもので引っかき傷を付ける、等など……)、もしくはマークが最初から印刷されている製品を、お好みのマジック・ディーラーやボリス・ワイルドのウェブ・ショップ[訳注]から購入する、という2パターンです。前者を選んだ場合、これらを読みやすく正確に書くのに必要なスキルはそう簡単には習得できませんが、ひとたび習得すればBW・マークト・デックをご自身で作ることができる、というメリットがあります。カードの裏面に小さな白いマークを施していくのに使われる"方法"は、マークの付け方の"コンセプト"とは完全に別のお話ですからね。

　とはいえ、自作するもっとも簡単な解決方法は、カード裏面の特定の場所に、レタリング・シートを使って白い文字を転写するというものです。この方法は、誰でも完全に均一な文字を貼り付けられるというメリットがあります。

　白文字のレタリング・シートを使ってデックにそれを転写するという方法の生みの親は、いまは亡き偉大なるドイツの奇術師、テッド・レズリーです。1983年にマーティン・ブリーズの著した『Ted Lesley's Working Performer's Marked Deck Manual』で、レズリーの方法は急速に広まり、21世紀初頭まで、世界中でもっとも人気のマーキング方法のひとつになるという成功を収めました。このテッド・レズリー・マークト・デックは実用性のある確かなツールであるものの、マジック界から不当に忘れられているということはきちんと認識しておかなければなりません。

訳注　http://www.boriswild.com/magicshop/

Transparency

　BW・マークト・デックは1990年代中頃、レズリー氏のマークト・デック研究の影響を受け、彼の許諾のもとに生まれました。デックにマークを施すのに、白いレタリング・シートを使いはするのですが、使われるコンセプトは完全に違ったものです。お読みになれば、その違いがお分かり頂けることでしょう。

　残念なことに、当時、非常に多くの種類が販売されていた白のレタリング・シート(特に簡単に読むことができて、小さくて大部分が白い数字であるもの)は、現在見つけるのがますます困難になっています。しかし、そのシートを入手できたのならば、この本で説明しているBW・マークト・デックのコンセプトに従い、ご自分でデックを作ることをお勧めします。

　嬉しいことに、USPCC (U.S.プレイング・カード社) と数年間交渉した結果、BW・マークト・デックはついに工場で印刷されたデックとして、マジック業界に供給されるようになりました。それまで誰もが実現は不可能だと思っていたので、最初のデックが2005年の7月に出荷されたことは非常に大きなニュースになりました。BW・マークト・デックはUSPCCによって印刷された初めてのバイシクル・ライダー・バックのマークト・デックになりました。それ以来、このデックは世界で最も人気のあるバイシクル・マークト・デックになっています。皆さんに信頼して頂けたことに、心から感謝したいと思います。

　もし、BW・マークト・デックをまだお持ちでなければ、本書の出版元や、お好きなマジック・ディーラーなどから入手されることをお勧めします。なぜなら、これから他のデックにはないこのデックの特性と、そのユニークな機能の組み合わせを詳細に学んでいくからです。例えば……

- カードを裏向きでテーブルにスプレッドすることで、もしくは両手の間に広げることで、すべてのカードのマークを読み取ることができます。この可能性について想像してみてください！裏向きになっているカードすべてが、演者にとっては表向きなのと変わらないのです！
- シャッフルされた裏向きのデックから、どんなカードであっても見つけることができます。かかっても3〜4秒というところです！
- マークは何段階か、縦にずらして配置されています。つまり、裏面の違った場所を読み取るわけです。直感に反するように聞こえるかもしれませんが、これによってマークを判別するのが大変スピード・アップするのです。のちほどご覧頂けるでしょう。
- マークは元の裏面のデザインに完全に溶けこんだデザインになっています。

これにより、観客がたとえ近くで見ようとも本当に分かりませんし、それでいて演者は簡単に読み取ることが可能です。

Principle of the Boris Wild Marked Deck

もうご存知のように、BW・マークト・デックの裏にある、マークを読み取るのに使われている仕組みの基本、それはバイシクル・ライダー・バック・デックの特徴的なデザインに潜ませた、小さな白い数字です。

これらの数字は、裏面の左端の部分（写真1）に配置されています。テーブルの上や両手の間でカードをスプレッドしたとき、デックの唯一見える部分です（写真2＆3）。

写真1

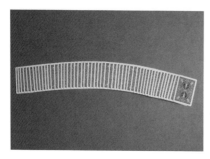

写真2

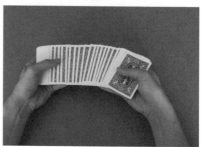

写真3

注：工場で印刷されたBW・マークト・デックを最大限に利用するためには、右利きの人が自然に行うようにカードを左から右へ広げる必要があります。もし左利きで、ご自分でマークを付けるのなら、"Customization of a Non-Printed BW Marked Deck"のパートで説明しているように、カードの一番右側にマーキングを施さなくてはなりません。

　私のマジックの諸先輩方は、観客の一歩先を行くことが最も重要である、といつも強調していました。まさにそれこそが、私がカードの端に沿ってマークする戦略を採用した理由です。カードをスプレッドから抜き出さず、裏面の見えている範囲が非常に限定されていても（ほんの15％程度でも）、そのカードが何なのか判別できるからです。

　けれどこの要素は、BW・マークト・デックのポテンシャルを最大限まで引き上げたと私が考えているものではありません。

　例えばこれだけですと、裏向きのデックを両手の間で広げていったり、あるいはテーブルにスプレッドしてあるデックをざっと見ていったりする中で、特定のカード（たとえば観客が言ったカードなど）を見付けるのは、かなり困難で時間も食います。正しいカードが見つかるまで1枚ずつチェックしていかねばならず、これには長い時間が掛かるでしょう。さらにほとんどのマークト・デックは2つのマークを使用していて（1つは数字でもう1つはスート）、そのいずれもが観客に見つからないようにうまく隠されています。そのため、マークは演者にとってもかなり読み取り難い状態になっているのです。

　そうすると、世の中のほとんどのマーキング手法で欠けているものがひとつあります。読み取りやすさですね。マークは素早く読み取れなくてはならない、これは必須事項です。カードの裏面を見つめたまま10分過ごしてはいけません！たとえ10秒であっても駄目です……。

　大事なのは読み取るスピードです。カードが何か、即座に読み取ることができれば、マークの存在は悟られません。ひと目見て、1枚ないし複数枚のカードの情報を得られれば、観客の疑いの目から逃れるのに役立つでしょう。

　最短時間で最大枚数のカードを見て（スキャンして）いく最良の方法は、マークを区分けして、調べていくときに見える要素の数を減らすことです。そのため

Transparency

BW・マークト・デックのコンセプトでは、マークを異なったレベル（高さ）に配置しているのです。

マークの配置は、カードのスート（クラブ、ハート、スペード、ダイヤ）に対応して、4つの異なるレベルに分けられています。そして、やはり直感に反するように見えるかもしれませんが、異なる位置にマークがあることで、カードが何であるかを判別するスピードは本当に向上するのです！

写真4はバイシクル・ライダー・バックの裏面で、そこには4つの位置が示されています。これらの位置は上から下に向かって❶から❹と数字が付けられていて、ひとつひとつがスートの配置に対応しています。

写真4

以下の説明、および本書に解説されたすべてのトリックは、標準的なCHaSeD順（チェイスト・オーダー：クラブ、ハート、スペード、ダイヤの順）を使っているという前提で説明します。その理由はCHaSeDオーダーが世界で一番使われているもので、工場で印刷されたBW・マークト・デックでも採用している並び順だからです。

すなわち：
- レベル1（1段目）はクラブ
- レベル2（2段目）はハート
- レベル3（3段目）はスペード
- レベル4（4段目）はダイヤ

注：ご自分でデックにマーキングを施される方たちの場合、"Customization of a Non-Printed BW Marked Deck" のパートで説明しているように、この順序をお好きなように替えることももちろん可能です。

したがって、その位置と数字により、以下の例のようにカードのスートと数字、その両方が分かります：
- レベル1（1段目）にある数字の"3"は、クラブの3を表します。
- レベル2（2段目）にある数字の"4"は、ハートの4を表します。
- レベル3（3段目）にある数字の"9"は、スペードの9を表します。
- レベル4（4段目）にある数字の"2"は、ダイヤの2を表します。

これらのカードを写真5，6，7，8に示します。

写真5

写真6

Transparency

写真7　　　　　　　　　　　　　写真8

　BW・マークト・デックの最大の利点のひとつは、カードの数字とスートを示すのに必要なのが数字ひとつだけであるということです。スートを表すためのシンボルや余計な記号がありませんので、マークを隠すのに好都合なのです。さらに可能な限りマークが裏面のデザインに溶け込むように努めました（写真5〜8参照）。

　写真5では、数字の"3"がカードの白い模様と接触しているため、空間に独立して数字の3がマークされているよりも明らかに目立ちにくく、模様の一部としてカードのデザインに違和感なく馴染んでいます。

　さらに、写真9をよくご覧になってください。これは通常のバイシクル・デック（つまり、マークのないもの）の一部をそれぞれ切り出して拡大した図なのですが、ちょっとした想像力を使えば、それぞれ2と3と4を読み取ることができて驚かれることでしょう。

写真9

Principle of the Boris Wild Marked Deck

　元々のデザインからしてこうですから、マークを施したことで本来のデザインに若干の変化が加わっても、カードに疑いを持たれることはありません。しかし、あらかじめカードにマークされていることを知っていれば、それを探すべき正確な場所が分かります。これは観客には考えもつかないことです。その上、選ばれたカードのスートによって、いつでも同じ場所にマークがあるというわけでもありません。そこがBW・マークト・デックの特殊性にもなっています。それでは、次にエース、10、そして絵札について見てみましょう。

- エース：数字の"1"はエースで、写真10はスペードのエースを表しています。
- 10：数字の"0"は10で、写真11はハートの10を表しています（"0"の隣に"1"を書く必要はないので、不要なマークは省略しています）。
- 絵札：BW・マークト・デックでは数字だけを使いますので（理由はのちほど説明します）、一般的な対応関係を適用します。すなわち、ジャックは11、クイーンは12、キングは13です。

写真10　　　　　　　　　写真11

　1の位は、エース，2，3と同じようにマークされている一方で、"10の位"は細い白枠から左側にはみ出して配置されています。数字の1が枠から少しはみ出していますが、それは意図してのものなのでご安心ください。これにより、エース，2，3とJ, Q, Kを間違えることなく読み分けることができます。マークは演者からは見やすく、観客の目には依然として見えません。

Transparency

　写真12，13，14は、それぞれクラブのジャック、スペードのクイーン、そしてダイヤのキングです。

写真12

写真13

　ひとたびマークト・デックの仕組みを理解してしまうと、実際よりもミエミエなものに感じられるのが常でしょう。ですがご安心を。数千回に及ぶ実践を経て、観客のただひとりですら、私のデックがマーキングしてあるのを指摘した人もいませんし、ある日カジノのディレクターが、『これはマークト・デックを使っているに違いない』という考えのもとで、じっくりとカードの裏面を調べてもなお分からなかったのです！

写真14

注：BW・マークト・デックの仕組みが、なぜ数字と文字の組み合わせではなく数字だけなのか、それには2つの理由があります。

　1つ目の理由、それは数字を探していく際に突然文字が目に入ると、それが探す対象でなくてもそこでスキャンが一旦止まってしまうからです。デックの中に

は絵札より数札のほうが多いので、文字が出てくる度、それが絵札に対応するものだと認識するよりも前に、まずそれが何の数字だろうかと考えて、動作が止まってしまうのです。こうしてちょっとずつ止まってしまうことにより、カードの裏面を見るのに費やす時間が増えてしまいます。これはマークト・デックを使うときに目指すべきことに反します。

　2つ目の理由、それは、10の"0"とクイーンの"Q"という2つの文字がとても似た形状をしており、取り違えやすいという事実からです。"Q"の代わりに"12"を使えばそれも起こらなくなります。

　最後に、これまでの写真5～8を見て既に気付いている方もいるかと思いますが、カードの向きが問題にならないように、マークはカードの両サイドにあります。そのため、デックをどのような方法でシャッフルされたとしても、左端を見れば必ずマークがあり、あなたのマジック・ライフに支障をきたすことはないのです。

Transparency

Customization of a Non-Printed BW Marked Deck

先述の通り、もともとマークが印刷されている製品としてのBW・マークト・デックは、お好きなマジック・ディーラーや、著者のサイトから入手することが可能です。一方で、自分のデックにマーキングを施す必要がある場合、カード裏面の異なった高さのところにマークを付けるというコンセプトに従い、目的に合わせてBW・マークト・デックをカスタマイズすることができます。方法は大きく分けて3種類です。

1. 使い古しのペン等の筆記具を使い、レタリング・シートから白い数字を転写する（そういうシートは、まだオンライン・ショップやグラフィック・アートの店で見つけることができるでしょう。数字のサイズは1文字あたり7ptの2.5mm四方程度、どんなに大きくても10ptの3.5mm四方を超えないのが適切です）
2. 細字のペン先、白のパーマネント・インクで数字を書きこむ（こういったペンやインクも、多くの文具店やグラフィック・アートの店にあるでしょう）
3. 針先、ないし尖ったもので傷を付け、カードの裏面に慎重に数字を刻む

また、以下でマークト・カードのそれぞれの要素について見てみましょう。

— **裏面の色について**：USPCCの工場で印刷されたBW・マークト・デックには、赤と青両方の色のバージョンがあります。ですが、もしかするとバイシクル・ライダー・バックの緑、黒、それにピンクや他の様々なカラーのものにマークを施したいと思われるかもしれません。

— **スートの位置について**：BW・マークト・デックの仕組みでは、カードの上から下へとCHaSeD（クラブ、ハート、スペード、ダイヤ）の順を使っています。ですが、自分でデックにマーキングを施す場合、他のいかなる順番でで

Customization of a Non-Printed BW Marked Deck

も作ることができますし（たとえばフランスでは、"スペード、ハート、クラブ、ダイヤ"の順が、とてもポピュラーです）、1番目と2番目の位置を赤のカード（ハートとダイヤ）に、3番目と4番目の位置を黒のカード（クラブとスペード）にしたり、その逆もできます。

— **数字のサイズと太さについて**：工場で印刷されたBW・マークト・デックにある通常サイズの数字が見えづらかったりした場合、マーキング用の道具を使ってそれを少し大きくしたり線を太くしたりして、見やすくすることもできます。ですが、ある一定のサイズや太さを超えてしまわないように気をつけなければなりません。全体として見たときに、数字が裏面のデザインから大きく逸脱してしまわないよう、十分気をつけてください。

— **秘匿の度合いについて**：マークをより隠すか、オープンにするかはご自分の目の鋭敏さの度合いによります。マークを見やすくするのに、それぞれの位置を上下左右に少しずらしてみてもいいでしょう。逆に、よりカモフラージュ性を高めたい場合には、例えばデザインの曲線に沿うように、数字を少し斜めにするなどもできますね。

写真1

— **左利きの方向けのマーキングについて**："Principle of the BW Marked Deck"のパートでも触れましたが、工場で印刷されたBW・マークト・デックを使う際には、右利きの人が普通にするように、左から右へとカードをスプレッドする必要があります。しかし左利きの方の大部分は、右から左へとカードをスプレッドします。このような場合、逆さまのマークを読み取らなくても済むように、ご自分用のマークト・デックを作るのがいいでしょう。そのためには、これまでカードの左端に記してきたマークを、同じ高さで右端に施せばいいのです（写真1）。カードの両側で、鏡像のようになるデザイ

写真2

ンですね (写真2)。もちろん、工場で印刷されたBW・マークト・デックと同じように、カードの裏面のマークはどちら側からでも見えなければなりませんので、上下をひっくり返して、同様に反対側にもマーキングしなければなりません。

— **裏面のデザインについて**：このコンセプトは、バイシクル・ライダー・バックのデザインに特に馴染むよう作られたものですが、このマーキング・システムの仕組みは別デザインのデックへも応用することが可能です。とはいえ、裏面のデザインは、マーキングを施したときに目立たず、それでいて効率的に読み取れるようなものを選ばなくてはなりません。例えば、ビーやワールド・ポーカー・ツアー・カード、ジェリーズ・ナゲット・デックなどは避けたほうが賢明です。逆に、バイシクルのメイデン・バックやその他のいくつかなどは大変適しているでしょう。毎年、新しいデザインのデックがたくさん発売されていますが、マーキングを施すのに相性が良いかどうかは、個別に見てみて研究する必要があります。

ファッションの先駆者ってやつはいつも誤解されるのよ……

Easy Applications

　さて、BW・マークト・デックの仕組みについてはしっかりと理解して頂いたと思いますので、いくつか簡単な練習をして、その使い方に慣れていきましょう。BW・マークト・デックの巧妙さを感じて頂き、またそのポテンシャルをざっとご覧頂くことにします。

Spread on the Table or Between Your Hands
[テーブルにスプレッドする、もしくは両手の間に広げる]

　すぐにお分かり頂けると思いますが、BW・マークト・デックは、テーブルありでのクローズアップでも、使える平らな場所がないような、立って見せる場合でも、いずれにおいても使うことができます。手近にテーブルのひとつでもあれば、デックをその左手前のところに置き、そこから弧を描くように広くスプレッドしていって、右手前で終わらせます。できる限り均等に、そして大きく広げれば……あなたの美意識が満足するでしょう。そしてもっと大事なことですが、各カードの左側にあるマークがすべて識別できるはずです。写真1をご覧ください。少々の練習で、カードを優美に見せることができ、また同時に隠れた目的も達成できるようになります。

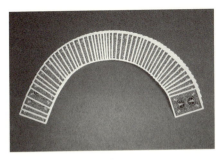

写真1

Transparency

　デックをテーブルにスプレッドできない、それどころか置き場所すらない場合もありますが、そのときは両手の間で広げることで、ほとんど同じ結果を得ることができます。デックを左手ディーリング・ポジションで持ち、左手親指を使って右手の中へとカードを送っていくのです。カードがスムーズに、手から手へと流れ続けるようにしますが、より大切なのは、それぞれのカードのマークのある位置がきちんと見えて、判別できるようにすることです。写真2をご覧ください。

写真2

　手から手へと送っていく場合、全部のカードを見る必要があるので、目的のカードを探すのには少し多めの時間を要してしまいます。ですから、もし探しているカードがどのあたりにあるかも全く分かっていないのであれば、1回か2回、途中で動作を止めることを意識するといいでしょう。カードを送っていく際に注意しておくべきは、目的のカードを探すときに、親指でマークのある位置を隠してしまわないようにすることです。左手から右手にカードを送っていくときには、左手親指はカードのちょうど真ん中あたりに置いておくといいでしょう。そうすれば写真2のように、一切マークを隠すことなくカードを送っていくことができます。

　テーブルにスプレッドする、または両手の間で広げる、いずれの場合においても、シャッフルされたデックを渡されたときに、可能な限り早く、目的のカードを見つけることができるように練習をしなければなりません。まずは何でもいいのでカードの名前をひとつ言いましょう。そうしたらテーブルにでも両手の間ででもいいのでデックを広げ、該当するスートの高さにだけ注目するようにしてください。例えば、もしハートの2を探そうとしている場合、上から2段目のところ（ハートの位置）だけをざっと見ていくのです。マークがなかったり、あっても2のように見えなかったら、同じようなリズムで、可能な限り早く、目的の"2"が見つかるまでスキャンを続けてください。さあ、ハートの2が見つかりましたね！

Easy Applications

シャッフルされたデックの中から、表を見ることもなしに、こんなにも早く目的のカードを探し出すことができて驚かれたでしょう。つまるところ、最悪のケースでもデック全体から13枚だけ読み取ればいいのです！そして、練習すればするほどこのスピードは早くなります。貴重な時間をどんどん節約できるようになり、最終的にはデック全体をスキャンするのに、わずか3秒しか掛からなくなります。

さらに、デック全体から、どこにあるのか分かっていないランダムなカードを探すチャレンジは、大体の場所を推測する余地すらありませんから、おそらくもっとも難しいシナリオでしょう。ですが、探しているカードがデックの大体どのあたりにあるのかを多少なりと分かっているのなら、デックの特定の範囲だけに絞ってスキャンすることで、目的のカードを短時間で見つけ出すことができるはずです。

Secretly Determining a Card's Identity
[カードが何か、密かに判別する]

BW・マークト・デックを使えば、観客が実際にカードの表を見るより先に、そのカードが何かを判別することができます。これは他のマークト・デックと同じですね。ですが、縁の異なった高さにマークがあるというコンセプトのおかげで数多くのサトルティが使えるのです。それは本書を通じて探求していきますが、まずウォーミング・アップとして、いくつか具体的な例をご紹介しましょう。

― デックを両手の間ででも、テーブルにでも構わないのでスプレッドし、観客に1枚カードを触ってくれるように頼みます。そのカードが何かを判別でき次第、その他のものはすべてそのままで、演者は顔を背けてデックから視線を外します。観客には、触ったカードを抜き出して、見て憶えて、周りの人たちにも見せてくれるようにお願いしてください。あなたはもうそのカードが何かが分かっていますが、観客にカードを触ってもらったとき、そのカードの裏面はほんの一部しか見えていませんでした。カードが抜き出される前は、最小限しかカードの裏面は見えておらず、さらに演者の顔を背ける動きも相まって、"演者は一度も選ばれたカードの裏面を見ることができなかった"という錯覚が生まれ、マークト・デックの可能性が否定されるのです。ここでひとつ大事なことがあります。この裏面を読み取る手法は、観客の選んだカードが何かをすぐに当てるというかたちで使ってはいけません。選ばせる手続きのあとですぐにカードを当てるというのは、犯行の手口をそのまま漏らしているようなものです。マークのついたデックを使うというのは、誰しもが考える解決方法ですからね。そうではなく、カードをデックに戻してシャッフルしてもらい、

Transparency

それからコントロールをするほうがいいでしょう（表の面を見せて、よく混ざっていますね、と見せる体でコントロールするなど）。もっといい方法は、カードの表を観客に向けて広げて見せていくことです……その間に、あなたは目的の高さを見ていき、選ばれたカードのマークを読み取るのです！

— 選ばれたカードそのものを探すのではなく、別のカードのマークを読み取ってそれを手順に使う、ということもできます。例えば、キー・カードとして。観客にデックをシャッフルしてもらいます。返してもらうときに、トップのカードを読み取るのは簡単ですね……そしてボトムのカードも！ボトム・カードについては、デックを両手の間で軽く広げて、「シャッフルしたデックなので、どういう順番なのかは誰にも分かりませんよね」と画的に強調するのです。このとき、ボトム・カードは少し大きめに広げるようにして、マークを見やすいようにしてください。要するに、これはグリンプスなのです。表側からではなく、裏側からの！

— デックの中ほどにキー・カードを作ることもできます。それには、まずデックを左手ディーリング・ポジションで持ち、右手の中へとカードを広げて送っていきます。顔を横に背け、観客にスプレッドの中からカードを1枚引いてくれるようにお願いしてください。カードが引き抜かれたらすぐに、その抜かれた場所でデックを分けます。右手を体に近づけると、カードがあなたの視界に入るでしょう。ここで、広げたパケットの一番下のカードが何かを読み取るのはとても簡単ですね。写真3をご覧ください。観客に、左手に残っているパケットの上に憶えたカードを返してもらいますが、ここでもまだ横を向いたままです。右手のパケットを左手のパケットに載せてください。デックを揃えたら、観客のほうへと向き直ります。あなたはいま、カードも観客の動きもおおっぴらには見ないまま、正体の分かっているキー・カードを選ばれたカードの上に配置したのです。これによりマークト・デック使用の可能性が暗に否定されます。観客は手順の再構成（思い出し）をしたりするものですが、マークト・デックという仮説は、早いうちにその候補から外れることでしょう。

写真3

Using the BW Marked Deck as "Strengthening of Confidence"
[BW・マークト・デックを"自信を強める"のに使う]

　私は、マークト・デックのみに頼ったレパートリー構成はお勧めしません。たとえ裏面を読み取る手続きが手順構造によって正当化されていても、それが何度も繰り返されてしまえば、ミスディレクション的なカバー（および動機付け）が削がれてしまいます。そうではなく、マークト・デックを使う手順は、テクニックやサトルティに基づいた他の手順と組み合わせるのがいいでしょう。

　とはいえ、BW・マークト・デックは、別にマークが必要ではないような手順においても非常に有用です！こんなシナリオを考えてみてください：あなたはマークト・デックを使って、マークト・デックを使わなくてもいいようなトリックを演じています。例えば4枚のエースのプロダクションとしましょう。4枚のエースはデックのボトムにあり、これから取り出そうというところで、まさかのフォールス・シャッフル失敗。残り2枚の位置が分からない状況です。ノー・プロブレム！ちょっとデックを広げれば、ボトム近辺のカードが何かはすぐに判別できます。見えたカードがエースではなかったとしても、カードの表を見ることなしに該当するエースを見つけることはできますね。

　歩き回りながら演じているとしましょう。15卓を回ったところで、あなたはクラシック・フォースがうまくいかなかったような気がしました。BW・マークト・デックなら、こういったピンチを凌ぐことができ、"しくじった"トリックも優美に締めくくることができるでしょう。

　最後に。一部の観客がちゃんと参加してくれないこともあるでしょう。たとえば演者が示したのが正しいカードにもかかわらず、「いや、それは俺のカードじゃないな」「見つけそこねたのかよ」のようなことを言い出すとか、特定のカードをデックから探し出してこいと挑戦してくるとか、そんな状況もままあります。BW・マークト・デックがあれば、いかなる状況のもつれも解きほぐすことができるのです。あなたの手には、いつでも観客に一歩先んじることができ、デックの中のどのカードでも完全にコントロール可能な秘密兵器が握られています。だから、どんな挑戦でも受けて立つことができるのです。

　BW・マークト・デックは、その素晴らしいポテンシャルや、それを用いて演じられる特別な手順の数々にとどまらず、マークの必要がない手順であったとしても、カード・マジックをより自信たっぷりに演じることのできる素晴らしいツールな

Transparency

のです。ひとたび使い方をマスターしたなら、マークはあなたの手順における素敵なバックアップになり、あなたの演技に自信、明快さ、そして効率性をもたらすことでしょう。これこそ私の切なる願いなのです！

チャプター 2

Miracles With a Shuffled Deck

Double Revelation

Effect
　マジシャンは観客にデックを渡して調べさせ、シャッフルしてもらいます。そのデックを裏向きでスプレッドし、マジシャンがうしろ向きになっている間に、第1の観客にスプレッドの中から1枚のカードを抜き出すように頼みます。第1の観客はそのカードを周囲の人たちに見せてからポケットの中に隠します。そのあと、第2の観客も同じやり方で1枚のカードを選び、同様にポケットの中に隠します。

　マジシャンは観客たちのほうに向き直り、デックを取り上げて、「現在、デックの中には50枚のカードしかありません」と言います。さらに、「もし私が、これらのカードを全部憶えることができれば、抜けている2枚のカードが何であるかは分かります」と付け加えます。それこそ、まさにマジシャンの行おうとしていることなのです！マジシャンはカードの表を目で追って記憶しますが、それを10秒以内で行います。そして、抜けているカードが何であるかを、少しずつあきらかにしていくのです！2人の観客が、それぞれのポケットから自分のカードを取り出して示すと、まさしくマジシャンが言ったカードなのです。

　このトリックは、すぐに繰り返して演じることが可能です。

What You Need
　BW・マークト・デックを1つ。

Preparation
　特にありません。

Performance
　おそらく、皆さんの大部分は、1976年にハリー・ロレイン社 (Harry Lorayne

Transparency

Inc.)から出版された、『*Harry Lorayne's Epitome Location*』をすでにご存知だと思います。この数理的原理では、デックの51枚のカードを50秒で記憶することで、残りの1枚を特定したように思わせることができます。この天才的なアプローチは、長い時間をかけた訓練と暗算の才を必要とします。

　ここで私が説明するバージョンは、同じ現象を見せることができますが、最小のトレーニング時間で済み、しかもデックの表を数秒間見るだけで、1枚だけではなく2枚のカードを言い当てることができるのです。

　ここまででもうお分かりになっているかと思いますが、BW・マークト・デックは、この驚くべきトリックを演じるのに理想的な道具であり、その方法は恥ずかしいくらい単純で、そして信じられないほど効率的なのです！

注：先に進む前に、非常に重要な以下の2点について注意してほしいのです：

- 私の方法を使うと、カードが2枚になってもこのトリックを手早く行うことができますが、それは必ずしもトリックが優れているということではありません。ここでは、手法の話ではなく、現象の演出が大事です。手法については極めて単純なものになります。お手元にBW・マークト・デックがあるという前提でのお話ですが。ここでの手法はマークト・デックの特性に依存しており、それなしでは成り立たないものなのです。

- 本作 "Double Revelation" は、あなたがハリー・ロレインの方法を知っているか、既にその方法をやってみたことがある場合にのみ、演じることをご検討ください。ロレイン氏の方法を学ぶことによって、パフォーマンスに対する感覚を養うことができ、本当にすべてのカードを記憶しているような演技ができるようになるでしょう。

　まず、観客を2人呼んで手伝ってもらいます。2人のうちの1人にデックを渡して調べさせ、シャッフルしてもらいます。観客はカードの表を熱心に調べ、全部違っていることを確かめますが、肝心の裏のほうにはまったく注意を払いませんので、演者はそれを見ながら間違いなく意地の悪い愉悦を覚えることでしょう！

　デックを裏向きで受け取り、両手の間でスプレッドします（写真1）。このとき、カードの裏のマークが見えるようにしてください。観客1に、「デックの中のカードを1枚、指差してください」と頼みます。ここで指示をするときの台詞は非常に重要です。

観客にはカードを抜き出してほしくありません。そうではなく単に指で触れるか、指し示してほしいのです。観客がカードを指し示したら、直ちにそのカードの裏面の左端全体を見ていき、そのどこかにある小さな数字を見付けます。その数字からカードの数値が、そして位置からカードのスートが分かります。

写真1

カードが何か分かったら、直ちに顔を反対方向に向けて、観客1にはスプレッドからそのカードを抜き出してもらいます。

注：この手続きの最中、カードのマークが観客の指で隠れて見えなくなってしまう可能性があります。特にクラブのあるレベル1の高さのマークのところでは起こりがちです。そうなった場合、観客にはカードに触るのではなく、その少し上で指を留めてくれるように言うと良いでしょう。観客はすぐに指を上げてくれるでしょうから、あなたが顔を背ける前に、カードが何か判別するのに必要な数秒間、再びマークが見えるようになります。

観客1にカードを抜き出してもらったら、そのカードを見て、憶えて、ポケットの中に隠してもらいます。手続きを終えた観客1に声を掛けてもらったら、演者はデックを揃えながら再び観客のほうへと顔を向けることができます。

第2の観客のほうを向き、最初はカードを見ないようにして彼の前でカードをスプレッドします。そして観客1のときと同じように手続きを行って、2枚目に選ばれたカードを記憶しましょう。もちろん、1枚目のカードも忘れないようにしてくださいね！

再び観客たちのほうに向き直り、裏向きでカードを揃えます。ここで、マジシャ

ンという仕事には、高度な記憶の技術が必要であることを説明し、また、配られたカードをすべて記憶できるギャンブラーは、"カード・シュー"[訳注]の中に、何のカードが残っているかを知ることができる、という話をします。観客に、理屈からすると、デックの中にはいま50枚のカードが残っている、と説明してください。それから演者はデックを自分の耳のところに持っていき、デックの左上隅を左手親指でリフルして、カードの枚数を小さな音で密かに数えるような演技をします。デックの終わりに近付いたと感じたらリフルの速度を落としていき、徐々に声を大きくして「47……48……49……50！」と言います。このハッタリは観客を確実に楽しませ、さらには、次に起こることの下準備にもなっているのです。

これで2枚のカードが抜けていることが確実となったので、デックを表向きにひっくり返して、「自由に選ばれた2枚のカードが何であるかを知るために、残りの50枚のカードを記憶します」と言ってください。そして、「普段はカード全部を記憶するのに5～6分かかるのですが、今日は10秒以下で記憶して、自己ベスト更新に挑戦します」と続けます。

観客の中で誰か、時計か携帯電話のストップ・ウオッチ機能を使える人がいるか尋ね、タイムを計る準備をしてもらいましょう。その人に向かって「スタート！」と言って、演者はデックを両手の間で広げます。そして、すべてのカードのインデックスが見えるようにしながら、少ない枚数ずつのグループを手から手へと移していきます。このとき、一定のリズムでカードを左手から右手へ移していき、見たカード全部を記憶しているふりをします。動作は急いではいけませんが、あまり遅過ぎてもいけません。言い換えれば、あなたのすることをそのまま観客に信じさせるべき、ということです。あなたのやっていることが、複雑な計算なのか、はたまた無意味な手続きなのかなどを考えさせたりすることなしに。

何度か間を差し挟みましょう。早く進みすぎてしまったので、立ち止まってはそこまでのカードを頭の中で反復しようとしているかのように。

すべてのカードを"スキャン"し終えたら、小さく独り言を呟きつつデックをテーブル上に置いてください。もう一度、精神を集中したように見せながら、まず選ばれたカードの色を言います。それから、何かしらあなたが行っていると称して

訳注　カジノ・ゲームなどで使われている、カードを配るための箱。ディーラーがデックを手に持つことなく、この箱に入ったデックのトップ・カードのみしか触れないように作られているため、イカサマをしていないことを示せます。

Double Revelation

いる内容に合うようなことを言いながら、両方のカードのスートを告げます。「赤いカードを数えましたが26枚ありました。となると、抜けているカードは明らかに両方黒です。クラブは12枚ありましたから2枚のうちの1枚はクラブ、もう1枚はスペードということになりますね……」のように。

手順を進め、デックの中の絵札について触れましょう。もし、選んだカードのうちの1枚がジャック、クイーン、キングのどれかであれば、「普通、デックには12枚の絵札が入っているのですが、先ほど見たところ11枚しかありませんでした。なので選ばれた2枚のカードのうちの1枚は間違いなく絵札です」と言います。

もし、選ばれた2枚のカードがいずれも絵札でなければ、「普通、デックには12枚の絵札が入っているのですが、先ほど見たところ絵札は12枚全部ありました。したがって、選ばれたカードは絵札ではありません。絵札が選ばれているときは何のカードか簡単に分かるんですけどね……何といっても絵札は全部で12枚しかありませんから！」と言います。この最後の台詞を言うときは、本当に悦びを覚えます。というのも、この台詞は観客には論理的でもっともらしく聞こえるため、彼らがウンウンと頷くのが見えますからね。

最後に、数値が大きいカードか小さいカードかを述べたあとで、2枚の選ばれたカードの数値を言います。そして、そのとき2つの数値のうちの1つをわざと間違えましょう。ただちに自分で訂正して、「いやいや、すみません。クラブの8はデックの中、そう、28枚目にありましたから、あなたのカードであるはずがありません。でも、ハートの9、ダイヤの9、そしてスペードの9は見ましたが、クラブの9は見ませんでした」と言います。これもまた図々しいハッタリなのですが、手順の中で演者がスートなどを当てたあと、この段階ともなると、観客たちは物事をずっと信じやすくなる傾向にあるのです。

「私には2人がどちらのカードを選んだかは分かりません。しかし、このデックから抜けている2枚のカードが何かは分かります。クラブの9とスペードの2です！」と言いましょう。そして、2人の観客に、それぞれ自分のカードをポケットから取り出すように言い、その2枚のカードが演者の言ったカードであることをほかの観客に示してもらうのです！

注： ここで非常に重要なのは、どちらのカードをどちらの観客が取ったのかは言わないことです。もし、演者が演じていることが本当だとすると、抜けている2

枚のカードを知ることはできますが、誰がどちらのカードを取ったかまでは分かりませんからね。ですからこの信じられない記憶力のデモンストレーションを、マジシャンが2枚のカードを当てるという単純なカード・トリックにしてしまわないように気を付けてください。前者のほうが遥かに優れた現象です。

Note

興味を持ってもらえるかということでお話ししますが、私はこのトリックを、モンテカルロの豪華ホテルで、プロのギャンブラーに見せたことがあります。その日はちょうど彼の誕生日でした。彼は私が見せかけでやったことを本当にやっていると信じ切ってしまい、あとでカジノで勝つのを手伝ってくれと、説得しようとしてきたのです！

Psy-Show

このトリックは意図的に本書の最初に配置してあります。なぜなら、おそらくもっともシンプルで、マークト・デックの良さを直接的な方法で引き出すものだからです。先に書きましたが、マークト・デックはすぐに思いつく解決方法なので、選ばれたカードを即座に当ててしまうというのは自殺行為にほかなりません。ですが、ここでやっていることはまさにそれなのです！

とはいえ、本作は多くのサトルティがプレゼンテーションに組み込まれており、ともすればやり口があからさまな、使い古されたカード当てに過ぎないものを、真の"tour de force（傑作）"へと変貌させているのです。この"Double Revelation"には、演技の才能が必要不可欠です。その才があってこそ、観客たちに、単なるカード・トリックではなく、驚嘆すべき記憶力の使われ方を実際に見た、という感覚を与えるのです。

演技のコツは、カードを素早く記憶していくふりをする能力にかかっています。"スキャン"するスピードを知ることが、あなたの醸しだす真実味に直接関係してきます。ですから、手から手へとカードを送っていく早さを実行可能そうな範囲内に保つこと、それから以下を避けることが肝要です：
- カードを送っていくスピードが、カードを全部見て記憶していくには明らかに早すぎること（観客は単純に演者を信じなくなり、そして代替の解決策を考えようとしてしまいます）。
- カードを送るのが遅すぎたり、必要以上に集中している感を出そうとしたりして、ペースやリズムが落ちてしまうこと。

Double Revelation

- カードを両手の間でまだ送っている最中なのにデックから顔を背けてしまうこと。
- 見ても見なくても本当は関係ないかのごとく、まったく集中することなしにカードを見ていくこと。

　カードを選んでくれた2人の観客にとって、デック全体を"スキャン"していくことは、この手順の中でなくてはならないところです。単にカードを当てるためのもっともらしい理屈としてではなく、どこにいったか分からなくなってしまったカードが何かを当てるために、真に必要な過程なのです。もしこういったことを演者の動作や立ち居振る舞いを通じ、直接的ではないかたちで観客に伝えることができれば、演者はまさしく宣言した通りの方法を使って、無くなったカードを特定することができるのだと、彼らは完全に信じてしまうことでしょう。

　ええ、このトリックでは確かにマークを直接的な方法で使ってはいます。ですが、その使用が考えから排除されるような要素がちりばめられているのです。

— スプレッドからカードが抜かれる間も、ポケットにしまわれるときも、演者はそっぽを向いていますので、何かを見ているとはとても思われません。
— 選ばれたカードを当てるのに、演者はカードの表の面を見る必要があるふりをしていますが、その実、裏面のマークのおかげで、選ばれたカードが何なのかはすでに分かっています。

見開きは、革のスキニー・パンツを履いておくべきだったな……

Transparency

The Ideal Effect

Effect
　マジシャンは、これから古典的なマジックを演じると説明します。それは、選ばれたカードをデックの中に混ぜてしまい、再びそのカードを見付け出すというマジックです。しかし、怪しい操作が入り込む可能性を完全に排除した状況でそれを行おうというのです。マジシャンは観客にデックを渡して調べてもらったあと、シャッフルとカットをしてもらいます。マジシャンは横を向きながら、両手の間でカードをスプレッドして、観客にデックの好きなカードを抜き出してもらいます（フォースではありません）。観客は選んだカードを見たあと、デックの好きなところに差し込みます。マジシャンは、この時点でデックが再びシャッフルされたら、選ばれたカードを見付け出すことは不可能である、と話します。ですがデックを観客に渡して、さらにシャッフルをしてもらうのです。

　マジシャンはデックを返してもらい、カードの表を見ずに、観客のカードは22枚目にある、と言います。マジシャンは「お見せすると約束したのは"理想的なトリック"でしたよね。だからいちいち22枚数えていくんじゃあなくて……」と説明し、即座に選ばれたカードがあるまさにその場所でデックを分け、目を見張るような素敵な方法で取り出してみせるのです！

What You Need
　BW・マークト・デックを1つ。

Preparation
　特にありません。

Performance
　本作の目的は、このタイプのトリックで通常使われる解決法をことごとく撃滅

The Ideal Effect

することです。課せられた極端に厳しい条件を強調するところが、観客の興味を強く惹きます。
- デックは観客が調べ、シャッフルとカットをします。
- 観客は好きなカードを引くことができます。
- 観客がデックからカードを引くときやデックに戻すとき、演者はデックを見ません。
- 選ばれたカードは観客によってデックに戻されますが、そのカードは必ずしも元々抜き出された場所に戻す必要はなく、好きな場所に戻すことができます。
- 観客のカードがデックに戻されたら、デックは再びシャッフルされます。

これは、"Ideal Effect（理想の現象）"ではありませんか？

まずデックを観客たちに示し、そのうち1人を呼び、すべてのカードが異なっていて、特別な順序に並んでいたりしないことを調べてもらいます。そして、そのお手伝いをしてもらう観客にデックをさらにシャッフルしてもらったあと、裏向きでテーブル上に置いてもらい、カットして上下を入れ替えてもらいます。「この状況だと、カードがどのような順序で並んでいるのか、私には全く分かりません」と言います。

裏向きのデックを左手ディーリング・ポジションに持ち、カードをトップから両手の間でスプレッドし始めます。演者は、このあと1枚のカードを引いてもらうと説明しながら、トップから5～10枚目くらいの間にある1枚のカードのマークを見ておきます。その1枚は、マークがスプレッドしたデックの左側部分の一番上にあり、他のカードの中で最初に目に留まるものを選ぶようにします（要するに、マークが一番上にあるクラブが最適ということです。ここでは例として、クラブの5を見たとします）。このカードは演者のキー・カードになるので、忘れないようにしてください。

これからお手伝い役の観客に1枚のカードを選んでもらうのですが、演者から何の影響も受けずに、自由にカードを選択してほしいということを話しながら"カル (Cull)"を行います。"ホフツィンザー・カル (Hofzinser Cull)"、または"ホフツィンザー・スプレッド・カル (Hofzinser Spread Cull)"と呼ばれるものです。

注：この技法の最初の記述では、（スプレッドではなく）ファンから1枚のカードをスティールする方法が基本となっていました（1910年、ドイツ語でオトカー・フィッシャー・著『KartenKünste』が出版され、1931年にはその英語版であ

Transparency

る『*Hofzinser's Card Conjuring*』が出版されました)。

ここでは私のお勧めの方法を紹介しておきます。

両手の間にカードを裏向きで広げます。これは弧を描くよりどちらかというと真っ直ぐめにしておき、床に平行でやや狭めに広げます。スティールするべきカード（先ほどマークを読み取ったキー・カード）を見付けたら、左手親指の先をキー・カードのすぐ上のカードに当てます。このあと、キー・カードの上にあるカードを左側に動かして、キー・カードが観客から見えない状況にします。そのとき一切の怪しい動きを避けるため、キー・カードの上にあるカードをまとめて左側に動かします。ここではキー・カードより上にあるすべてのカードがスコッチ・テープで固定されていると想像してください（写真1は実際にテープで貼ったところ）。そのため、すべてのカードはひとかたまりになって同じ方向に動きます。

写真1　　　　　　　　　　写真2

注：スティールするのにキー・カードを隠す動作は、演者がお手伝い役の観客にカードを選ぶように頼む前の"デッド・タイム（観客の注目がデックに集まっていない時間）"に行わなければなりません。

キー・カードが他のカード群の下に隠れたら、お手伝い役の観客がカードを取れるように、大きなジェスチャーで手をその人のほうに移動させます。あるいは、演者は両手を自分のほうに動かしながら、「注意してください。あなたは完全に自由にカードを選ぶことができます。これはとても大切なことです！」と言います。この動作をカバーにして、次のようにして"カル"を終えます。すなわち、両手の間でスプレッドを広げ、スティールしたカードを右手の指で右側へ、他のカードの下へと移動させます（写真2）。カードがデックの下で完全に自由になったことを感じた

The Ideal Effect

ら（かちっ、と小さく鳴ってカードが外れる感覚があります）、キー・カードより下にあったカードを左手親指で押し出して、キー・カードの上に送っていきます。

　お手伝い役の観客から顔を背けてからカードを選んでもらいます。そして、お手伝い役の観客がデックの中の好きなカードを取り上げたら、他の観客たちにも見せるように頼みましょう。カードが選ばれたら、演者は両手を動かさないで、少しの間止めたままにします。

　ここで、選んでもらったカードを、次のようにして"デックのどこか真ん中あたり"に戻してもらいます。まず、スプレッドの中央部のカード数枚を左手親指で右に押し、右手で持っているカード群とキー・カードとの間に滑り込ませます。そしてデックを2つに分けて左手を差し出し、「ここでもいいですよ」と言います。

注：これを行っているとき、演者はまだ横を向いたままです。

　演者が左手で持っているカードの上に、お手伝い役の観客は選んだカードを自然に置いてくれるでしょう。あとは右手で持っているカード全部を左手のパケットの上に載せるだけです。この動作を行う間に右手のカードは軽く揃えます。これでキー・カードが自動的に右手パケットの一番下のカードになり、選ばれたカードのすぐ上に来ます（写真3は下から見たところ）。

写真3

　演者は横を向いたままでカードを揃え、テーブルの表面を手で探り、その位置を確かめてからデックをテーブル上に置きます（これは、本当にそちらは見ていませんよということを強調する動作です）。このあとで、演者はお手伝い役の観客へと向き直ります。

37

Transparency

　観客たちに向かって、演者がこのような条件下で、選ばれたカードについて何かを知ることが可能かどうか尋ねます。この質問に対して観客たちは「いいえ！」と言うでしょうが、それに対し、「いえいえ、それでも何かしらは知ることができるのです。なぜなら、あなたがだいたい真ん中あたりに戻したのは感じることができましたから」と説明します。何のカードが選ばれたかは分からないけれど、大雑把なカードの位置は推測できる、というわけですね。その言葉を説明するという理由づけで、右手でデックを取り上げ、テーブル上に裏向きでスプレッドします。それによって、スプレッドの中央部分にあるすべてのカードの左側部分が見える状態になります（写真4）。

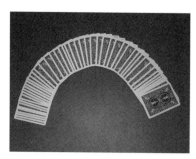

写真4

　中央部分を残してスプレッドの両端を両手で左右にどけ、選ばれたカードは当然このあたりにあると推測できる、と説明します。このとき、中央部分に残ったカードの中で、キー・カードのマーク位置（例ではクラブの5なのでレベル1のところ）を見ていき探します。探さなくてはならないカードの枚数とマークの高さが限定されているので、素早くキー・カードを見付けることができるでしょう。そして、スプレッド中のキー・カードの下にあるカードのマークを素早く読み取り、選ばれたカードが何であるかを特定します。

　観客たちのほうに視線を戻し、「私は15分の1や20分の1の確率[訳注]であなたのカードを探すのではなく、52分の1の確率から見つけだそうと思います」と言います。手元に目を向けないまま、カードを集めてお手伝い役の観客に渡し、その人から離れます。そして、観客たちを見たまま、「もし、ここですべてのカードを再びシャッフルしてしまえば、選ばれたカードが何かを知ることが不可能になるだけではな

訳注　デックの中央あたりにあるとして分けた枚数が、大体15〜20枚程度の想定のため。

く、そのカードがデックの中で大体どのあたりにあるかさえも分からなくなります」と言います。

　お手伝い役の観客のほうを見たまま、演者はデックをシャッフルする動作の真似をします。それで、お手伝い役の観客は、デックをもう一度シャッフルしなきゃいけないんだな、と分かってくれるでしょう。

　シャッフルが終わったら、デックをお手伝い役の観客から返してもらい、裏向きでテーブル上にスプレッドします。そして、以下のような厳しい状況下で、選ばれたカードを見付けるのは大変に難しいと説明します：
・ デックはカードが選ばれる前にシャッフルされた。
・ カードが選ばれるときも戻されるときも、演者はずっと横を向いていた。
・ 選ばれたカードがデックに戻されたあと、デックは再びお手伝い役の観客によりシャッフルされた。

　この短いおさらいの間に、選ばれたカードに対応するマークのレベル（高さ）を、左から右に向かってスキャンしていきます。たとえば、選ばれたカードがスペードの8なら、カードのレベル3の位置に集中し、左から右へ数字の8が見つかるまで見ていくのです。

　そのカードがどこにあるかを見つけたらスプレッドを閉じますが、そのカードの下に小さくブレイクを保っておきます。デックをなにげなくブレイクのところでカットし、選ばれたカードをボトムに移しましょう。デックは裏向きのままで、最後の出現のための準備は整いました。

　あたかも何かを感じ取ろうとしているかのように、右手の人差し指をデックの縁に当て、それから高らかに宣言します。「22……、あなたの選んだカードはいま上から22枚目にあります！」　この実に大胆な宣言を聞いて、観客たちは笑いを浮かべることでしょう。演者は再度、選ばれたカードが22枚目にあるのを感じたのだと言い、それを証明してみせようと続けます。「私は理想の"カードを1枚引いてください"系のトリックをお見せすると約束しました。ですが、カードを1枚1枚数えていくなんて、ちょっと退屈ですよね。一番良い方法といったら、それはぴったり22枚目のところでカットして、あなたのカードをパーッと取り出すって感じでしょう！……はい、スペードの8です！」　これを言いながら、私が"レヴェレーション・パス (The Revelation Pass)"と呼んでいるテクニックを使って、

Transparency

選ばれたカードを華麗に取り出してきましょう。

　デックを左手に裏向きで持って始めますが、ディーリング・ポジションとはちょっと違ったかたちです。左手親指の先が、写真5のように、中指の先に付いていなければなりません。このポジションは、リーチ・アクロス・カット (Reach Across Cut) に基づくもので、ダローのDVD『*The Encyclopedia of Card Sleights*』, 第8巻 (L&L Publishing) に説明があります。

写真5　　　　　　　　　　　　　写真6

　このポジションから、左手親指でデックの上半分を、本を開くようなかたちで持ち上げます。下半分はその右側を指先で、左側を手のひらに当ててきっちりと保持されています (写真6)。左手人差し指を曲げて下側パケットの下に入れ、パケットの右サイドを人差し指の指先 (下から) と中指の指先 (上から) を使ってきっちり挟みましょう。動作を続け、指をすべて伸ばし、パケットを垂直に立てます。そうすると選ばれたカードが見えるはずです (演者から、であって観客からではありません) (写真7)。

写真7　　　　　　　　　　　　　写真8

The Ideal Effect

　左手親指の先を選ばれたカードに当て、パケットを押さえて、2つのパケットの間から左手人差し指が抜き出せるようにします。人差し指は他の指と同じように、垂直になったパケットの裏に当てます (写真8)。

　指を内側へと曲げ、親指は垂直に立ったパケットの表側でスライドするようにし、パケットが親指の上へと倒れてくるようにしてください (写真9)。そうしたら親指をデックの外縁へと動かし、選ばれたカードを引きずり出していきます (摩擦と、上に載ったカードの重みを利用します)。そのまま親指をぐるっと回すようにデックの左側から出すと、選ばれたカードが斜めに出てきます (写真10)。最後に親指を上げ、いま垂直になっている選ばれたカードを、デックの上へと表向きにぱたんと返しましょう (写真11&12)。

写真9　　　　　　　　　　写真10

写真11　　　　　　　　　　写真12

　選ばれたカードがデックに対して垂直で出てくる、というのが、より不可能性の高さを演出していることにご注目ください。(2つのパケットに挟まれているときに) 親指を選ばれたカードを上側へとスライドさせる動作によってこれが成り立ちます。このちょっとした親指の動きで、引き出されてくるときにカードの回

41

Transparency

転軸が変わり、他のカードと同じ向きではなく、1枚だけ異なった、垂直な状態になるのです。

このレヴェレーションはとても早いです。この動作全体でも2秒を超えませんし、最後にカードが示されるところは、デックを2つにカットしてその間からカードを取り出したかのように見せられるといいでしょう（観客たちは実際に、カードがデックの真ん中から出てくるのを見るのですが）。

出現させたカードを持ち、それが本当に選んだカードであると確認できるように、表をお手伝い役の観客に見せましょう。

Variations

この手順を"The Ideal Effect（理想の現象）"と名付けたのは、その演出のテーマだけが理由ではありません。最終的にカードを当てる箇所の自由度が極めて高いため、演じるマジシャンそれぞれに対応できるからです。さっき解説したようにレヴェレーション・パスを使ってもいいですし、何か他の方法（おそらくは、もっとテクニカルでないもの）を使ってカードを取り出してもいいでしょう。

たとえば、カードを見つけたあと、そのすぐ下でカットしなくても構いません。そうではなく、選ばれたカードから観客の名前の1文字につき1枚のカードを右に向かって数えていき（選ばれたカードを1と数えます）、数え終えたところにブレイクを作ります。単純に1回カットしたあとで、デックを観客に渡し、観客自身の名前を1文字ずつ言いながらカードを配ってもらいます。そして、名前の最後の文字にあたるカードを表向きにひっくり返すと、観客の選んだカードが現れるのです！

さらに、選ばれたカードは以下に示すような別の方法で出現させることもできます。
— 観客の名前以外の言葉、例えばスポンサー会社名や、看板商品名を使う。
— 任意に言われた数や、フォースしたい数から。
— あなたがすでに知っているカードの出現方法を使う。

以上でお分かりのように、"The Ideal Effect"は、カードのフォースを必要としない様々な手順の出発点として非常に優れています。準備が不要な上、カードのお好きな出現方法を演者が選ぶことができるのです。自分の好きなようにトリッ

クを変化させ、原案で使われている操作を基にして、自分自身の"Ideal Effect"を創ってみてください。

Psy-Show

　これ以降、本書においてはマークは直接的でないかたちで使われます。お手伝い役の観客が"肝心なポイント"と感じるところ、つまりカードを選ぶところと戻すところで、"私は見ていませんよ"戦略を使うことは、カードを選ぶ手続きに演者がまったく注意を払っていないかのように見せかけてくれます。そのように演じることは、以下のような大きな恩恵を与えてくれます。
- 演者がカードをまったく見ていないため、観客がランダムにカードを選んで、ランダムにデックに戻した、という感じを強めてくれます。
- マジシャンがマークト・デックを使っている可能性を暗に打ち消してくれます。マークト・デックを使っているのなら、演者は選ばせるときにカードを見なくてはいけないだろう、と普通は思いますから。

　デックを返してもらってテーブルに置くときの、全く見えていないかのようにテーブルを手探りする動作ですが、これを説得力があるように演じるのがとても大切です。この些細に思える動作が、観客たちに強烈なサブリミナル・メッセージを伝えることになるのです：「お手伝い役の人がしたことは全く見えていませんでした。それどころか、私にはテーブルの縁がどこにあるのかすら分かりません。きちんと触って確かめておかないと、デックをテーブルから落としてしまうかもしれません」、とね。

　最後に。選ばれたカードがスプレッドの中の大体どのあたりにあるか分かっていることを説明したあとは、自分の動きは一切見ずにカードをまとめて、お手伝い役の観客に手渡すことが重要です。デックには何の注意も払わないで観客たちに話しかけ、トリックを成功させるのに、カードを見る必要はまったくないのだということを、ここでまた強調するわけですね。

The Challenge

Effect
　観客がデックをシャッフルし、自由に1枚カードを選びます。ここではスペードのキングだったとします（フォースではありません）。マジシャンはテーブルにデックをドリブルしていき、その最中そこに選ばれたカードを投げ入れてしまいます。デックをきちんと揃えたら、再度観客がシャッフルします。

　マジシャンは観客に「奇跡を起こしてくれませんか」と言います。つい先ほど、観客が自身で選んだのと同じカードを探しだしてほしいというのです。それも表を見ずに！果敢にも観客はこの難題に挑戦しますが、残念なことに正しいカードではありませんでした……。ですがマジシャンは観客にこう言います。「それはインディケーター・カードではありませんか？」　これを確かめるため、観客がデックを持ち、トップからそのインディケーター・カードの数字と同じ枚数だけ配っていきます（例えばそれがハートの8だったら8枚）。

　8枚目で出てきたのは、まさしく選ばれたカード、スペードのキングなのです！

What You Need
　BW・マークト・デックを1つ。

Preparation
　特にありません。

Performance
　観客にデックをシャッフルしてもらいます。それからデックを受け取りスプレッドして、観客にそこからカードを1枚抜き出して、そのカードが何かを見て憶えてほしいとお願いしてください。そして、演者はこれを重大なこととして扱い、カー

The Challenge

ドが何かはお手伝いの観客1人ではなく全員に憶えてほしいという理由で、カードを受け取って観客全員に見せます。この機会を利用して、以下のことを行います。

— 選ばれたカードにさりげなくコーナー・クリンプを付けます。写真1のようにカードを持ちますが、ここで中指を使ってコーナーを下向きに曲げます。
— 同じようにさりげなく、カードの裏のマークを読み取ります（念には念を入れておくに越したことはありません……）。

写真1

写真2

デックを左手に持ち、テーブルにドリブルして、選ばれたカードをそのばらばら落としている中へと投げ入れてください（写真2）。

すぐに観客にデックを揃えてくれるように言い、それからもう一度シャッフルをしてくれるように頼みます。デックを受け取り、クリンプの感触で観客のカードを探し、その上に左手小指でブレイクを取ってください（写真3）。

写真3

45

Transparency

　なにげなくデックをカットし、選ばれたカードをトップに持ってきます（決して表の面は見ずに！）。これをしながら、観客には、これから本気のチャレンジをしてもらうということを説明します。観客には先ほどと完全に同じ身振り、動作、そしてためらいを再現してもらいます。そうすれば論理的に、全く同じカードが出てくるはずです！

　カードを裏向きにスプレッドし、観客に1枚のカードに触ってもらうようお願いしてください。トリックがうまくいくためには、ここでの選択はとても重要なものだと強調します。観客が1枚のカードを触ることで、その選択がどれなのかが表明されたら、マーキング・システムを利用してそれが何かを読み取り（例として、8だったとしましょう）、すぐに顔を背けます。観客に、そのカードをスプレッドから抜き出してくれるようにお願いします。一時的に観客のほうに向き直ってカードをまとめたら、また背を向け、抜き出したカードを両手で覆ってくれるように頼んでください。いま観客からの視線が遮られているのを利用して、トップ・カードのクリンプを戻して消します（写真4）。

写真4

　観客へと向き直り、選択には自信があるかを尋ねます。「さっきと違った場所から抜いたりしていませんよね？」　両手の間で、下のほうのカードを広げる動作でこのことを強調します。ボトム・カードから始めて、新しく選ばれたカードの数から1引いたぶん数えてください。今回の場合、観客は8を選びましたので、7枚を広げて数えるのです（もし選ばれたのが5だったら、広げて数えるのは4枚です）。

　デックを手の中で揃えますが、先ほど数えたカードの上にはブレイクを保っておきます。そうしたらダブル・カットやトリプル・カットで、ブレイクより下のカードをトップへと持ってきてください。これによって、最初に選ばれたカードが目

46

The Challenge

的の枚数目に来ました。

このカットは、観客に、両手の下にあるカードをめくってくれるように言いながら行ってください。みんな残念がることでしょうが、それは正しいカードではないでしょう。

観客に、ひょっとするとなにかもっと驚くべきことが起こっているかもしれない、と言います。この"新しい"カードは、"正しい"カードの位置をその数で示(インディケート)しているのではないでしょうか、と。観客に、カードを8枚、裏向きのままテーブルに配っていくように言います。そして8枚目——これこそがまさに"正しい"カードなのです！

Notes
1. "再現"のフェイズで、観客がデックのトップ・カードに指を置くことは往々にしてあります。対処法は2種類あります：
   - もし元々観客がデックの1番上のカードを選んでいて、だから再現フェイズでまた一番上に触れた場合、チャレンジを見事成し遂げ、まさしく同じカードを2度選ぶことができたということで褒めてあげましょう。それから観客には、いまのは一番上のカードだったので比較的簡単だったことを伝え、もう少し難しい、何か別の"カードを1枚引く"トリックに続けましょう。
   - もし最初に観客はトップ・カードを引いていなかったのに、続くフェイズではトップ・カードに触った場合、私が"クロージング・イン"と呼ぶ、以下のテクニックを使ってください。これは、演者が望まないカードを指名されたときにとても有用なコンセプトです。まず、観客には、演者がお伝えしたのはカードを"触ってください"であって"抜き出してください"ではなかったことを指

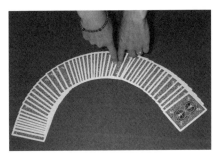

写真5

摘します。それに、観客は最初のフェイズではトップ・カードを抜いたりしていませんでしたので、今回そのカードであるはずがありません、と。観客には、幸運の女神に祈りつつ、先ほど使わなかったほうの人差し指も一緒に使って、別のカードに触ってくれるようにお願いしましょう。具体的には両方の指を、スプレッドに沿って互いにゆっくりと、同じ速度で近付けていってもらうのです。最終的にあるカードのところで"くっつく"まで、これを続けてもらいます。(写真5)。こういったかたちで観客を口車に乗せることで、追加の動きが作られ、また演者は手順内の一貫性については保ったまま、トリックを完了することができるのです。

2．選ばれたインディケーター・カードが、絵札のようにハイ・バリュー(数字が大きめ)だった場合、3つのパターンが考えられます：
- "クロージング・イン"のテクニックを使ってそのカードはやめ、より小さな数のカードにさせることができます。
- "クロージング・イン"のテクニックがお気に召さなければ、カードの数字を数えるのではなく、綴っていくのもいいでしょう。キング (King) は13ではなく4に、9 (Nine) も9ではなく4になりますね。
- 大きな数であっても障害だとは思われないかもしれません。これはあなたの備えている技量と度胸によります。あとはダブル・カットを2度に分けて行うか、ダブル・カットとシャッフルを組み合わせるのです！個人的にはこの方法が好きです。

Psy-Show

このルーティーンのテーマを考えるとき、手順の最中、お手伝いをお願いする観客には心地良くいてもらうことが大事です。彼女をほかの皆の注目に晒しますし、諸々の作業もしてもらわなければなりません。ですから進んで協力してくれるように魅了しなくてはならないのです。彼女には、言ってみれば"参加して"もらわねばなりませんし、このトリックを成功に終わらせるために、ある程度の責任も感じてもらわないといけません。

加えて演者は、このトリックの間中、すべてをやってくれるのはその観客であり、演者はその人に対して指示をするだけという、全体的な印象を強調するように動作やタイミングを組み立てておかねばなりません。皆の心のなかでこの印象を強めるのには、考慮すべきポイントがいくつかあります：

- うまくいくのか失敗するか、観客の選択によって結果は変わってくるということを強調します。

- ダブル・カットをするのは、手順の中で注目の度合いが下がっている間に、何も考えずにやっているようにしてください：
  ― 「表を見ることなく、先ほどと同じカードを見つけなくてはならないのです」と観客に説明しながら。
  ― 観客の両手でカバーされているカードに注目を集めている間に。

- 演者はずっとデックを取り扱っていた、という事実を、観客が完全に見過ごすように取り計らいます。長々とデックを"もてあそんで"いるときでも、そこを一切見ないようにするのです。

- シャッフルも、カットも、カードを抜き出すのもすべて、観客が自らの手で、自由に行ったことを強調します。

- 最後に、2番目のカードがインディケーター・カードである云々に触れる際に、演者は両手がカラなのを観客に晒し、カードには一切触ってないということを、口に出して強調します。

これらは、演者はカードにまったく触っていない、という印象を作りだすのに繋がることでしょう。

A Nice Pair

Effect

　マジシャンは観客にデックを渡し、じっくりと調べさせてからシャッフルしてもらいます。観客がシャッフルを終えたら、マジシャンは「世界中の誰も、このカードの順番は知り得ません」と言い、観客には「デックの一番上のカードが何か分かりますか？」と聞きます。観客は当然「いいえ」と言うでしょう。すぐにマジシャンはトップ・カードを取り上げて示します（ここではハートのエースだったとしましょう）。そうしたら、観客にそのカードにサインをしてもらい、裏向きでテーブルに置いておきます。

　それからマジシャンはこう言います。「いままで数えきれないくらいの人たちにカードを引いてもらってきましたが、私自身は一度も、カードを1枚引く、というのをやったことがありません。今夜はそれをやってみたい気分なんですよ」 マジシャンはデックを裏向きでテーブルにスプレッドし、カードを1枚抜き出します（クラブのクイーンだったとします）。マジシャンはそれを観客に渡し、先ほどの裏向きになっている選ばれたカードの下に、クイーンを表向きにして差し入れてくれるように言います。ブラックジャックにおけるディーラーのハンドのように。マジシャンの指示で、観客は裏向きのカードをクイーンとを"こすり"合わせ、それから裏向きのカードをひっくり返します。なんということでしょう！サインが消えてしまっただけではなく、ハートのエースはスペードのクイーン──クラブのクイーンのメイト・カード──へと変わってしまっているのです！驚きの瞬間です。マジシャンはスペードとクラブのクイーンというメイト・カードを取り上げ、調べたら、その2枚を一緒にしてデックの中に入れてしまいます。マジシャンは指を鳴らし、あらためてデックをテーブルにスプレッドします。2枚のクイーンの間に1枚だけ挟まれたカードがあります──それこそサインのあるハートのエースなのです！

What You Need
BW・マークト・デックを1つと、シャーピー™のマーカーを1本。

Preparation
特にありません。

Presentation
デックを観客に渡して、徹底的にシャッフルしてもらってください。デックを裏向きで受け取ったら、マークを活用して、トップ・カードが何かを憶えます。ここではクラブのクイーンとしましょう。そうしたらすぐに、そのカードのメイト・カード、つまり同じ数で同じ色の別のカードですが、それを判断、記憶します。今回の場合はスペードのクイーンです。

世界中の誰一人、このデックの並びを知ることはできないことを説明し、観客に一番上にあるカードは何か分かるか尋ねます。この間に左手小指で、トップから2枚目のカードの下にブレイクを取ってください（デックは左手ディーリング・ポジションで保持しています）。左手親指で1枚ずつ数えたりせずにこのブレイクを取る一番良い方法は、次のようにすることです。

観客に「一番上のカードが何か分かりますか」と聞くときに、左手親指を使って、トップの2～3枚を右へと押し出し（写真1）、右手人差し指でトップ・カードを指差します。そうしたら押し出したカードをデックへと引き戻しますが、そのときに左手小指をトップから2枚目のカードの下へと差し入れるのです（写真2）。

写真1

写真2

右手でデックのトップ2枚を一緒に持ち上げ、本のページをめくるようにデッ

Transparency

クの上へとひっくり返します(ダブル・リフトです)。観客にマーカーを渡して、そのカードの表にサインをしてもらいます。観客にサインしてもらっている間、演者はデックがきちんと揃った状態を保つように気をつけてください(写真3)。インクが乾いたら、ダブル・カードをデックのトップに裏向きにひっくり返します。これはカードの自然な反りによって、とても簡単にできるでしょう。

写真3

　デックのトップ・カードを取り、それを裏向きのままテーブルに置いてください。そうしたらデックをテーブル一杯にスプレッドします。すると、ほとんどすべてのカードのマークが見えるでしょう。スプレッドの動作の序盤では、いま探しているカード(ここではスペードのクイーン)に該当するマークのレベルに注目し、そのカードがデックのどのエリアにあるのかを素早く把握してください。ですが、いまこのタイミングで正確な場所を知る必要はありません。そのカードの正確な位置については重要ではないのです。

　こんな説明をします。「私はマジシャンですので、一度たりとも手品に観客として参加したことがなく、1枚カードを引いてくださいと言われたこともありません。この不公平を正したいのです」と。デックの、先ほど選ばれたカードがありそうだと当たりをつけた場所に視線を下げ、カードの正確な位置を把握します。何かためらっているようなふりをして、スプレッドに沿って人差し指を行ったり来たりさせ、最後に1枚のカード——スペードのクイーン——を触ります(裏面のマークを見ることで分かりますね)。そのカードをスプレッドから抜き出し、表向きにひっくり返して正面の観客へと滑らせ、ちょっとしたコメントを挟みましょう。

　観客には、このカードを表向きでテーブルの上を滑らせ、そのまま観客のカード(裏向きのもの)の下へと差し入れるようにお願いします。それから、観客のカー

A Nice Pair

ドを演者のカードとこすりあわせてくれるように言いましょう。観客がその指示通りにしてくれたら、演者はスプレッドしたカードを取りまとめ、左手ディーリング・ポジションで持ちますが、デックのトップ・カード（サインのあるカードです）の下に、左手小指でブレイクを取ってください。観客の注目はこする動作にすべて向けられていますので、ブレイクを取るなどというのは朝飯前ですね。

観客に"ハートのエース"をひっくり返してくれるように言います。しかしサインは消え失せ、そのカード自体もいまや別のカードへ、演者が選んだカードのメイト・カードであるクラブのクイーンへと変わってしまっているのです！

演者自身も驚いた演技をし、これを理由にカードを検めるかのような動作を行います。そのためには、まずメイトの2枚を表向きで取り上げ、それをデックの上に載せるようにすればOKです。右手で、トップの3枚をビドル・グリップ（親指をカードの内側の縁、人差し指と中指は外側の縁に当てるかたち）で取り上げます（写真4）。左手親指でトップ・カードを引き取り、デックへと揃えます。残りの2枚は1枚であるかのようにぴたりと重ねておいてください。

写真4

この2枚を先ほどと同じようにデックに揃え、すぐに続けてカットをすることで、デックの中のどこかにやってしまいます。デックをテーブルにぽんと置き、観客に、誰か先ほど消えてしまったカードがいったいどこにあるのか、分かる方はいらっしゃいますか、と聞きます。観客が何かしら言うので、演者は耳を傾け、それから指を鳴らし、デックをテーブルにスプレッドします。2枚の黒のクイーンに、カードが1枚挟まれているのが見えるでしょう。観客にその1枚をひっくり返してもらい、そのカードがまさしく観客にサインしてもらったカードであることを確かめてもらうのです！

53

Notes

とても稀にではありますが、観客がシャッフルしてくれたあと、同じ数、同じ色の2枚がデックのトップに来ることもあり得ます。こういった場合には、手順は先に記載した通りには演じられないでしょう。いかにしてこのピンチを脱すればいいでしょうか？それも可能な限りシンプルな方法で！

もし、ダブル・リフトでカードを表にしたとき、先ほど読み取ったトップ・カードのメイト・カードが出てきた場合、少しイラッとしたふりをして、すぐにダブル・カードをひっくり返してしまいましょう。そうしたら、「私はこのカード嫌いなんですよね」だの、「トリックでこのカードが出てくるたびに嫌なことが起こるんですよ」だのと言いながら、デックをカットして揃えてしまえばいいのです。そうすれば、先に説明した通りに進めることができるでしょう。

Psy-Show

最後のサンドイッチのための準備を観客の目の前で行う、という微妙な箇所がこの手順にはあります。しかし、この動作は驚きという要素でうまくカバーされています。メイトになっている、というのが明かされたあと、演者は驚き、無意識のうちにそれらのカードに触って確かめる必要があるように振舞っています。カードを引き取ってロードする部分は、そんな心持ちで演じられているのです。そして必ずしも必要ではありませんが、台詞を挟むことでこの動きはより真実味を増すのです。「どうなってるんだ、こんなの絶対おかしいよ」（メイト・カード２枚をテーブルから取り上げてデックに載せる）「君にスペードのクイーンを渡したら……」（最初のカードを引き取る）「こっちもクラブのクイーンになるなんて！」（ダブル・カードを、最初のカードの上、デックの上に載せる）「意味が分からないよ。じゃあサインしてもらったカードはいったいどこに行ったんだ……？」（デックをカット）

役割がひっくり返ってしまったかのように演じましょう。まるであなたが観客で、いま目撃してしまったあり得ないことに対してリアクションをしているかのように。カードをひっつかみ、そのカードが本当は何であるはずだったのか確かめるように見て調べてください。加えて、この"役割の逆転"という理屈は、演者が最初に言ったことと繋がっているのです。あなたは観客のようにカードを選び、マジックを目にした観客のように反応するのです！

Peek Sandwich

Effect
　表向きの2枚の赤いキングをテーブル上に置き、観客にデックをシャッフルしてもらいます。マジシャンはデックを返してもらったあと観客に向けてゆっくりとリフルしていき、好みのカードが見えたらストップと言ってください、とお願いします。そして、ストップをかけてもらったら、観客にその場所のカードを見て憶えてもらいます。

　これが終わったら、マジシャンは直ちにデックを観客に渡して再びシャッフルしてもらいます。マジシャンは観客の憶えたカードが何であるか、そして、どこにあるのか知ることは不可能であると強調します。

　デックを裏向きでスプレッドして、観客にテーブル上の1枚目のキングを表向きで好きな場所に差し込むように頼みます。2枚目のキングも同様に1枚目のキングの隣に差し込んでもらいます。デックを揃えてテーブルに置くまで、怪しい動作はありません。

　マジシャンが指1本でデックをスプレッドしていくと、2枚の表向きの赤いキングの間に1枚のカードが挟まれており、そのカードは観客が選んだカードなのです！

What You Need
　BW・マークト・デックを1つ。

Preparation
　デックから2枚の赤いキング（または他のペア）を取り出してテーブルの上に置きます。これだけです。

Transparency

注：デックから2枚のカードをただ取り出すのではなく、このトリックの前にその2枚のカードをマジックとして出現させても構いません。

Performance

2枚の赤いキングを観客に示し、次のトリックではこの2枚のキングが大変重要な役割を果たすだろうと説明して、テーブルに置きます。観客にデックを手渡して検めさせたらシャッフルしてもらいましょう。そのデックを返してもらったら、ハイ・グリップとでも呼ぶべき位置で左手に持ち、カードの表を観客側に向けてください（写真1）。右手中指を使って、デックの右上隅をゆっくりとリフルし始めます。右手親指はデックの裏側に当てて安定させます（写真2）。

写真1

写真2

注：デックのボトムからではなく中央からリフルをし始めると、次の動作を非常に楽に行うことができます。

　カードをゆっくりと1枚ずつ右手中指でリフルしていき、カードの表を一定のリズムで見せながら、観客に好きなカードが出てきたところで「ストップ」と言うように頼みます。観客が「ストップ」と言ったらリフルを止めて、デックを少し開き、その場所のカードがよく見えるようにしましょう。このとき開いた割れ目に左手小指の腹を挟み込みます。デックを押さえていた右手の指を離して割れ目を閉じ、2つのブロックの間に左手小指でブレイクを保持してください。そして、左手親指でデックを押さえつけ、ブレイクが見えないようにします。

　デックの上から右手を掛けてビドル・グリップで保持し、ハイ・グリップから、普通のディーリング・ポジションに持ち直します。そのとき、左手小指で保持していたブレイクを一時的に右手親指へと移し、最終的に左手小指でブレイクを取っ

て保持します（写真3）。

写真3

　選ばれたカードについては、観客自身がデックの中を覗き込むようにして見ただけのものなので、そのカードが何かを演者が知ろうとしても非常に難しいということを強調します。「私に分かることは、そのカードがデックの中のどこかにはある、ということだけです」と言い、デックの上側の3分の1くらいを少し広げてみせますが、そのときカード自体は見ないようにします。それから、左手の指を右側に伸ばします。すると、左手小指で保持していたブレイクがあるため、デックは自動的に、選ばれたカードの下で大きく開くでしょう。

　カードをさらに広げていくと、左手小指の腹が1枚のカードの表に接触します。そのカードが選ばれたカードです。ほんの一瞬演者は視線を下げて、選ばれたカードの裏のマークを読み取ります。すぐに視線を上げて観客を見ながら、カードを乱雑に広げ続けます。そして、観客のカードを見つけるのはほとんど不可能であり、おまけにもう一度デックがシャッフルなどされた日には、と説明します。

　憶えたカードを忘れないよう記憶に焼き付けながら、台詞の通りにデックを観客に手渡し、もう一度シャッフルしてくれるよう頼みます。この一連の動作は4～5秒を超えないようにします。

　デックを裏向きのままで返してもらい、ピークしたカードのマークの位置を見ながら、トップあたりのカード12～15枚程度を広げ始めます（例えば、選ばれたカードがクラブの5だとするとレベル1の位置を見ながらです）。ここで、「これから、このようにカードを広げていきますが、その前にハートのキングとダイヤのキング、どちらが好きか教えてください」と言います。

Transparency

　もし探しているカードがトップ4分の1の中に見つからない場合（見つかる確率は4分の1です）には、右手に取ったカードをまとめて、なにげなくデックのボトムに移します。この動作は、2枚の赤いキングを右手の人差し指で示すことで正当化します[訳注]。そして、デックのトップから新たにもう15枚ほどのカードのグループを広げて、観客の答えを聞きながら、ピークしたカードのマークを密かに探します。観客に選んだほうの赤いキングを取り上げるように頼みながら、選ばれたカードが見付かるまでカードを広げていきます。

　演者は観客に、「このあと持っているキングを表向きで、『ここがいい』と感じた場所に差し込んでもらいます」と説明します。そしてこの瞬間を利用してホフツィンザー・カルを使い、本書の"The Ideal Effect"で解説したように、選ばれたカードを密かにスプレッドの下へスティールしてください。選ばれたカードは写真4のようにデックの下に移ります。

写真4

写真5

　裏向きのデックの中のどこかに、赤いキングを表向きで差し込んでほしいと観客に頼みます。そのカードが半分ほど差し込まれたら、アウトジョグされているキングを左手親指で押さえて、その場所でデックを分けます（写真5）。右手にはスプレッドの上半分があり、その下には選ばれたカード（カルしたカード）が隠れています。

　両手を近づけて、赤いキングを右手スプレッドのボトム・カードと選ばれたカードとの間に滑り込ませます（右手スプレッドのカードが多い場合には、スプレッ

訳注　右手人差し指で指差すのに右手で持ったカードが邪魔なので、手を空にするために持っているカードをデックのボトムに置いた、ということです。

ドをしっかりと保持してください)。

アウトジョグされている1枚目の赤いキングは右手で保持している状況です。観客にもう1枚のキングを取り上げさせ、左手のデックの残りの上に、先ほど同様アウトジョグするような状態で置いてもらいましょう。2枚目の赤いキングが写真5と同じ位置になるよう、演者は左手で調整してください。

これで操作はほぼ完了です。右手のカードを左手のカードの上に重ねてデックを揃えますが、2枚のキングはアウトジョグされたままにします。演者は、観客の手で2枚のキングを押し込ませ、完全にデックに揃えてもらいます。このとき、演者は左手小指をデックの内側のエッジにあて、カードが手前に突き出てこないように押さえておきます(写真6)。

写真6

揃えたデックをテーブルに置きますが、ここでは何も怪しい動きをしていないことを少々強調しながら行いましょう。いままで何をしてきたのかを手短に振り返り、それから演者の右手人差し指を示します。そして、その人差し指でカードをテーブル上に横向きで広げていきます。2枚の赤いキングの間に現れた裏向きのカードを観客に抜き出してもらいましょう。それこそ、観客が選んだカードなのです!

Psy-Show

この手順で最も重要なのは、これを演者の手から離れたところで起こる、本物の小さな奇跡に見せようという試みのところです。デックはシャッフルされ、カードは単に観客が見ただけ、デックはまたシャッフルされ、2枚のキングがスプレッドに差し込まれる、するとどうしたことか、そのキングが観客のカードを見つけてくるのです!すべての"デリケート"な操作はすべて観客によって行われたと

Transparency

いうイリュージョンを完璧に創りあげなければなりません。どうすればそれを成し遂げることができるでしょうか？その答えは、"演者は観客が行うべきお仕事をサポートするためだけにデックを持った"という印象を植え付けることです。「観客のためにリフルします、観客がシャッフルできるようにこのデックを渡します、観客が2枚のキングをどこに差し込むか選べるようにデックをスプレッドします」等など。このように演じることで、選んだカードがなにか、演者がマークを読み取って探すという、この作品の手順中に2回存在する弱い箇所には、観客は全く注意を払わなくなるでしょう。1回目は一瞬なので一切印象に残りませんし、2回目は観客が選ぶ手続きによって完全に秘匿されるのです。

クライマックスのインパクトを強めるためには、以下のことが重要です：

・ カードを示すのに、デックは演者自身がスプレッドします。観客もまずまずはできるかもしれませんが、あなたのほうがきっとうまくできるでしょうし、はっきりしたクライマックスが保証されます。観客のスプレッドがうまいといかなかったあとに、そこからもぞもぞ探してカードを取り出してくるのでは、強力なクライマックスが損なわれてしまうことになります。スプレッドするのに人差し指だけを使うと、みんなの注目をより集めることができますし、手先の早業(スライト・オブ・ハンド)が使われた可能性も排除されるでしょう。

・ トリックの結末部について。選んでくれた観客にカードを確かめてもらうときには、熱狂的な感じでやってもらうようにしましょう。彼女はカードを見た唯一の参加者です。彼女にサンドイッチされたカードをひっくり返してもらっても、うすらぼんやりと「それですー」などと言われたところでクライマックスは盛り上がりません。観客へのインパクトを最大化するための工夫を、プレゼンテーションには組み込んでおかねばなりません。

私のアプローチはこんな感じです：観客にサンドイッチされたカードをひっくり返してくれるよう頼み、それが選ばれたカードだったら他の観客にも見せてもらい、そしてVサインをさせたうえで、「イエーーーーッス！」と大きな声で叫んでもらうのです(訳注)。

訳注　訳者が参加した日本でのレクチャーにおいては、若干の茶番臭を漂わせつつ、「それは？選んだカードだった？選んだカード！ホントに！うおおお、ハイ、じゃあますみんなにVサイン！」「ぶい」「これがあなたのカードだったんだよね！？」「はい」「もっと！」「はい！」「もっとおおお！」「はいいいいい！」からのガッツ・ポーズ！のような感じで、会場大盛り上がりでした。ご参考までに。

この、"台詞を観客に教えながらやる即興喜劇"は、以下の４つの段階を踏んで徐々に盛り上がっていきながら最高潮に持っていくことになります。

1. 観客はカードをひっくり返し、笑います：まさに自分の選んだやつっぽい……
2. 観客は他のみんなにもカードを見せます：選んだのはこのカードで合っています……
3. 観客によるＶサイン：このジェスチャーにより、カードが当たったことを強調
4. 観客が「イエーーーーッス！」と叫ぶ：観客が叫ぶことで、劇的なかたちで、トリックが間違いなくうまくいったことを強調

Intuitions

Effect

　マジシャンはデックを取り出し、観客にシャッフルしてもらったらテーブル上に大きくスプレッドします。そうしたら、女性客の1人にスプレッドから1枚カードを引き抜いてくれるよう頼みますが、自由に選んではいけないと言います。そうではなく"ピンときた"ものにしてください、と言うのです。観客がピンとこなければならないもの、それはクラブの9。マジシャンからガイドを受けながら、観客は1枚のカードをデックから抜き出し、裏向きのまま自分の前に置きます。2人目の女性客にもまったく同じようなプロセスを行ってもらいますが、こちらは直感でハートの3を選ばなければなりません。直感により1枚のカードがスプレッドから抜き出され、2人目の観客の前に裏向きで置かれます。3人目の女性客が求められたのはダイヤの10を裏向きのデックから抜き出すこと……。

　各観客の前に1枚ずつカードが置かれた状態ですが、ここに古来よりいわれる"女のカン"というのが正しいかを確かめるときが来たのです。実験の厳密性を保つためには、誰もカードに触ってはいけません。なのでマジシャンはスプレッドからもう1枚のカードを抜き出し、それを使って各カードを次々と表向きにひっくり返していきます。最初の観客の前のカードはクラブの9、2番目の観客の前のカードはハートの3、3番目の観客の前のカードはダイヤの10です。

　おお、女のカンというやつは間違いないようです！

What You Need
　BW・マークト・デックを1つ。

Preparation
　特にありません。

Performance

デックのカードがすべてバラバラであることを示し、特定の順序に並んだりもしていないことを言います。最後の点について納得してもらうため、観客の1人にお願いして、気の済むまでデックをシャッフルしてもらいましょう。

デックを返してもらったらすぐ、大部分のマークがよく見えるよう、テーブル上に大きく弧を描くようにスプレッドしてください。

注：テーブルにスプレッドしない、手の中で行うバージョンについては、うしろのNotes部分で触れます。

スプレッドの際、トップ・カードが何かをマークを読み取り憶えておいてください（ここではクラブの9だったとします）。

シャッフルしてくれた観客に、一風変わった方法で彼女にはカードを選んでほしいということを伝えます。これから彼女は、カードを表向きにひっくり返したりせず、直感を頼りにクラブの9を選び出さねばならないのです。彼女はこのお願いに対して当惑してしまうかもしれませんが、直感を使えば大丈夫ですから、と力強く言ってください。

正しいと感じるカードの上に指を置いてください、とお願いします。観客が指を置いたら、演者はマークを素早く読み取って、新しいカードが何かを記憶します。ここでは説明のため、ハートの3だったとします。彼女の指がマークを隠してしまう場合——レベル1、クラブの高さではあり得ることです——そういった場合には"Double Revelation"で使った、カードにはまだ触らないでください、という戦略を使いましょう。指が浮いてさえいれば、それ以上カードが隠れることはありません。

新しいカードが何かが確認できたら、テーブルから視線をそらします。観客にはそのカードをスプレッドから引き出して、表は見ずに裏向きのままにしてくれるように頼んでください。

2人目の女性客は、直感を使ってハートの3を見つけるように言われます。ハートの3だと感じられるカードを示してください、と観客にお願いしながら、観客がどのカードに指を置くか見ておきましょう。選ばれた新しいカードを、マーク

Transparency

を読んで判別、記憶してください。ここではダイヤの10だったとしましょう。

3人目を見繕う間に、2人目の観客には表を見ないまま、選んだカードを抜き出してくれるように頼みましょう。カードを抜き出すのは演者がスプレッドを見ていない状況で行わせ、次に抜き出されるべきカードを言うのも、スプレッドを再度見る前にするのが肝要です。

3人目の女性客に向けて、ダイヤの10を"感じ取って"くださいと頼みます。ここでも彼女には1枚のカードの上に指を持ってきてもらい、その際に演者はマークを読み取って、この最後のカードが何かを記憶します（スペードのエースだったとします）。

先ほどと同じように、彼女にそのカードを引き抜いてくれるように言います。デックをまとめて、演者の近くに置いてください。

状況はこうです：各観客の前には1枚ずつカードがありますが、それらは彼女たちにそれぞれ指定したものではありません。
- 1人目の観客の前にあるカードは、2人目の観客に伝えたカードです。
- 2人目の観客の前にあるカードは、3人目の観客に伝えたカードです。
- 3人目の観客の前にあるカードは、無関係なカードです。
- 1人目の観客のカードはデックのトップにあります。

偉大なる"ワン・アヘッド"の策略が働いていますね。

さて、カードの位置を正さなくてはなりません。ただし手を触れずに。一般的にこのタイプのトリックは、並びを変えるためにカードをとりまとめる必要があります。ですが私の取った解決策はシンプルで直線的、そして公明正大な対応です。

すべてはここにかかっていますよ、と言います。女のカンが見事働き、古くからの言い回しが正しいことが証明されるのか？それとも正しくないのか？

すべてを公明正大に保つためには、誰もカードに触れてはいけません。選んでもらったカードをひっくり返すためにカードを1枚使うことを説明して、演者はデックのトップ・カードを取り上げ、表を自分に向けてスペードのエースだとミス・コールします（最後にスイッチされるカードの名前を言います）。実際には、このカードは最初の観客に引いてくれるようにお願いしたカードなのです。

Intuitions

演者はこれらの順序を変え、あるべきカードがあるべき場所になるよう、3連続のメキシカン・ターンオーバーを行います (この技法はフリードリヒ・W・コンラディによるもので、1896年に『Der Moderne Kartenkünstler』にて発表されました)。

それでは1回目のメキシカン・ターンオーバーを、以下のようにして行いましょう。

裏向きのクラブの9を右手で、下の写真1のようにして持ちます。それを最初の観客のカードの右の縁の下へと、写真2のように滑りこませます。右手クラブの9は、テーブルに置いてあるカードより少しだけ前方にずらす、つまりアウトジョグした状態にします。このとき左手人差し指はハートの3に軽く触れ、ずれないように支えている点に注意してください。

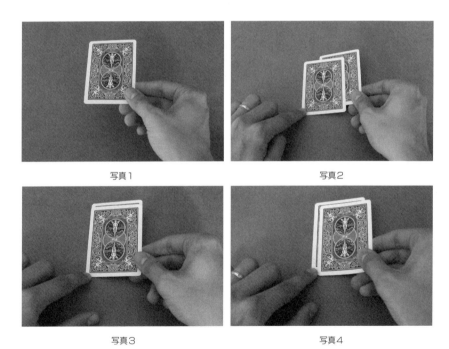

写真1　　　　　　　　　　　写真2

写真3　　　　　　　　　　　写真4

クラブの9をそのままハートの3の下で左方向へと動かしていき、写真3のように長辺がピタリと揃うところまで持っていきます。右手の指で9を左へと押しつつ、同時に右手親指は3を右へと引き取ります (写真4)。そうすると左手人差し指は、そのまま下のカード (クラブの9) の左隅へと移るでしょう! カードを

Transparency

　上方向に持ち上げ、左方向へとひっくり返します。左手人差し指は支点になりつつ、同時にカードが滑らないようにストッパーの役割も果たすのです（写真5）。右手は左方向へと動かし続け、クラブの9を完全にひっくり返してください。いま右手で持っているのは、裏向きのハートの3です。

写真5

　このひっくり返す一連の動作は2秒以上かけてはいけません。ここは"技法"として強調されてはいけない箇所なのでさらっとやりましょう。演者のしていることは、観客のイメージでは"カードをひっくり返した"だけ、これを心に留めておいてください。右手に持っているカードは、ひっくり返すための単なる道具なのです。また、このひっくり返す動作を大急ぎでやろうとしないでください。ここは残りの手続きと同じペース、同じ流れで演じなくてはなりません。リズムが変わってはならないのです。ひっくり返す錯覚は強力ではありますが、必要以上にそこに注目を集めないようにしてください。

　続いて、裏向きのハートの3の左の縁を、2番目の観客の前にあるカードの下に右側から差し入れ、メキシカン・ターンオーバーを行ってください。ハートの3が見えるでしょう。そしてこのとき実は、ダイヤの10が右手に残っているのです。最後の観客のカードでも同じようにメキシカン・ターンオーバーを行えば、ダイヤの10が現れましたね。

注：3回ひっくり返すのは、それぞれ観客にターゲット・カードを大きな声で言うよう頼んだあとに、よどみないペースで行ってください。

　あと残っている仕事は、何気なくスペードのエースをひっくり返して表向きにし、まったく注意を向けないようにしてそれをテーブルに置くことだけです。すべて

検め可能です。うまくいきましたね！

Notes

— 本作は、テーブルにスプレッドするのではなく、手の中で広げるかたちで演じることも可能です。その場合、カードを選ばせるところでは均等に広げる必要があります。それからマークがちゃんと見えるように、少し広めにするといいでしょう。

— 観客が、デッキのトップ・カードを取りたいと主張することもあり得るでしょう。これをやられると、通常のやり方ではうまくいきません。ですがこのピンチから脱する簡単な方法があります。まずは、"彼女らのターゲット・カードが、一番上にある可能性は低い" ということを、オープンに触れてしまえばいいのです。それでもなお観客がトップ・カードにこだわるのなら別の方法もあります：

- 1人目の観客がトップ・カードを取りたいと言い張るのであれば、取って、それをみんなに見せるように言うのです。これは正しいカードです！観客の洞察力と、直感力を褒めてあげましょう。観客の誰ひとりとして、演者がこれから何をしようとしていたかは知りませんので、そのままショーを続ければいいでしょう。観客は、予言の通りになったのだと思うはずです。
- 2人目の観客が少々難ありな人だった場合には、最初と2番目のターゲット・カードを裏向きで重ね、それを両手に1枚ずつ分けて取りながら表向きにしましょう。ターゲット・カードはそこに2枚ともちゃんとありますし、1枚ずつに分ける動作が入れ替えを隠してくれるでしょう。演者が元々何人の観客を巻き込むつもりだったかなど、観客は知る由もありませんので、再びトリックは成功へと導かれるわけです。
- 最後の観客が問題児で、トップ・カードを取りたいと言い張る場合、そのカードを使って他の2枚をすくい上げます。まとめたものを演者は自分に向けてファンにし、各観客にそれぞれのターゲット・カードを口に出して言ってもらいます。言われたカードをひっくり返していき、それぞれが選んだカードは正しいものだったことを示しましょう。

— 本作は、2000年に『The Linking Ring』誌に載った、ポール・ロジャースの "Force Threedom" という素敵な手順に着想を得ました。

Psy-Show

繰り返しになりますが、このトリックはプレゼンテーションがすべてです。人が何かを演じるときの常ではありますが、この手順には、演者の演技者としての才能が求められます。以下の4点が、私が強調したいキー・ポイントです：

― 演技の最初、観客のターゲット・カードを言うとき、どのカードがいいか決めていなかったかのように、選ぶ前に僅かの時間でいいのでためらいを挟んでください。2枚目のカードのとき、あなたのためらいは、カードを選ぶのが"少し難しくなった"感を醸し出すでしょう。こういう細かなことが、演者の口にするカードはランダムで、それぞれ互いに関係していたり、観客の選んだカードとも関わりはないのだな、というように観客の認識に働きかけるのです。

― 観客たちが実際に選んだカードそのものは、演者の言っていくターゲットとは何の関係もないという錯覚を強めるためには、ひとたびカードが観客によって選ばれたら、抜き出されたカードについては完全に無視することが何よりも重要です。つまり、カードが何か判別でき次第、観客に向かって台詞を言うことで、観客がやっていることには注意を払わないようにするのです。そうすれば、演者は選ばれたカードが何なのか判別しようとしている、などという考えに観客が思い至ることはなくなるでしょう。このトリックが何についてのものか思い出してください。あなたにとって重要なのはカードが選ばれることであって、それを抜き出す部分ではないのです！また、観客をきちんと観察して、カードを尚早なタイミングでこっそり見られてしまわないように注意を払っておかねばなりません。しっかりした、それでいて緩やかな観客コントロールが求められます。

― 手順の最後、それぞれのカードが正しいか確かめるために、そしてワン・アヘッドの状況を正すために3回のメキシカン・ターンオーバーを行いますが、このために4枚目のカードを使う必要があります。こういった仕掛けの必要ない理想的な世界であったなら、観客たちは自分でカードをめくり、そしてそれが正しいカードである、という流れになるでしょう。ですが悲しいかな、そんな世界は存在せず、私たちは崇高なる目的の達成のため、ときにごまかしをせねばならないのです！このケースで面白いのは、ただちにカードをめくることができないということを、カードを示すときに直接触らないため、という"強み"へと変えているところです。言ってみれば、これは演者だけ

でなく、観客もカードに触らないということです！そういうとき、物を使ってひっくり返すというのはいちばん単純なアプローチでしょう。そのために別のカードを使う、というのは真っ先に頭に浮かびます。なぜなら、ものがすでに場に出ており、それを使うのは非計画的に見えますからね。トップのカードを使うのも理に適っています。なぜ別のである必要が？いずれにせよ"単にもう1枚別のカードを使う"というだけですよ、と。あとやるべきはカードを連続してめくっていくことです。あなたの台詞がこのアプローチに調和したものだったなら、これは強力なトリックになることでしょう。"なんの操作もしていませんよ"という側面を観客にちゃんと強調できていた場合には特に。

— トップ・カードのミス・コールはあまり大袈裟にしてはいけません。なかば独り言のような程度で十分です。声を張り上げてはいけません。そのカードが何であるかは、全く重大事ではないはずですからね。あとで、3番目のカードが明かされてから、右手のカード（例でいうとスペードのエース）をテーブルへ表向きで放り投げるときも、ここには一切注目を集めてはいけません。観客の注意はカードが当たっていくところに向けられるべきもので、エースはこの演技の飾りのひとつでしかないのですから。これは単に、実際少し前に演者が口にしたカードである、ということをそれとなく示しているだけなのです。

Made for Each Other

Effect
　観客の中から1人の女性をお手伝いとして呼びます。マジシャンは、彼女と相性がいいかどうかを判別するのに役立つシンプルなテスト方法があり、自分はそれに精通しているのだ、と言います。マジシャンは彼女にデックを渡し、しっかりとシャッフルしてくれるように頼みます。終わったら彼女はデックをテーブルに置き、2つの山に分け、その片方をマジシャンに渡します。ここから先、2人は同じ動作を同時に行っていかなければなりません。それぞれテーブル上の自分のパケットを適当なところで持ち上げ、その場所にあるカードを見ます。そうしたら持ち上げているパケットを、それぞれテーブルに残っている相手のパケットに重ねるのです。終わったら彼女が2つの山を1つにまとめなおします。

　マジシャンが一度リフル・シャッフルを行い、そのままテーブルに置きます。マジシャンは女性に、彼女が憶えたカードの名前を書けるよう、小さな厚紙とマーカーを渡します。マジシャンも同じように自分の厚紙を持ち、同じように書きます。この厚紙2枚を合わせるとハートの形になります。そしてそれぞれには1枚ずつカードが書かれています。ハートの7とダイヤの7!疑いようもなく、2人は運命の相手同士だったのです!

What You Need
　BW・マークト・デックを1つ。
　シャーピー™のマーカーを2本。
　それから、演技の前に、明るい色の厚紙で作ったハート・マークを、真ん中で切って2つに分割しておきます。

Preparation
　特にありません。デックはテーブルに置いておきます。厚紙で作った紙片とシャー

Made for Each Other

ピー™のマーカーはすぐに取り出せるところに用意しておいてください。

　女性の観客を1人呼んで参加してもらい、彼女にデックを渡します。普通のデックであることを確かめてもらったら、シャッフルするように頼みましょう。そうしたらデックをテーブルに置いて、2つの山に分けてくれるように言います（彼女にお任せですが、大体同じくらいの枚数に）。どちらか片方を演者用として、もう片方を彼女自身用として選ぶようにお願いします。ここでは、選択の自由さを強調します。

　このテストを有意なものにするには、ここからは演者と彼女、双方が同じ動作を同時に行わなければならないことを説明してください。2人でそれぞれテーブル上の自分のパケットを適当なところで持ち上げ、持ち上げたかたまりの一番下のカードを見ます。演者は彼女にカードを憶えるように言い、自分もそうすると告げましょう。実際には、演者はボトム・カードが何であるかは全く見ず、いまテーブルに残っている自分のパケットのトップ・カード、そのマークを読み取ります。これは、うまい具合に視線の先にありますね。これが演者のキー・カードになります（写真1）。

写真1

　彼女に、いま手に持っている分のカードを、テーブルにある演者のパケットの上に載せてくれるように言い、演者はその間、目を背けておきます。彼女が載せ終わったら演者は振り返り、自分も持っている分を彼女のほうの山に載せます。そうしたら彼女に、テーブルにある2つの山を、彼女のを上にするでも、演者のを上にするでも構わないので、1つにまとめてくれるように言います。ここでも自由であることを強調してください。

71

Transparency

ここまでのプロセスで、彼女の選んだカードは、演者のキー・カードのすぐ上に来ています。最後にどちらを上にしてまとめたかによりますが、この2枚は隣り合ったままで、トップ4分の1かボトム4分の1あたりにあるでしょう。

そうしたらデックを手に取り、可能な限りで構いませんのでちょうど半分ずつに分けます（このあとを読めばお分かりになると思いますが、ぴったり26枚ずつであるかはそこまで重要ではありません）。そうしたらこの2つのパケットを噛み合わせてファローを行います。ここでのファローはパーフェクトである必要はありませんが、真ん中の3分の1くらいは交互にきちんと噛むようにしてください。写真2のような感じです。ブリッジ・プレイヤーのように、ウォーター・フォール・シャッフルをやってファローを終えましょう。

写真2

カードを選んだあとでシャッフルする表向きの理由は、カードを混ぜてしまい、特定の並びになっているのかもという可能性を除外するためです。裏の理由は、選ばれたカードとキー・カードの間に1枚のカードを入れ、それら3枚をデックの真ん中あたりへ移すためなのです。デックを揃えてテーブル上に置きます。お手伝い役の観客にお願いして、デックをカットして揃えてもらいましょう。そして、いまのは演者が見ていたので、念のためにもう一度、演者が視線をそらしている間にカットしてもらいます。

この2回目のカットが役に立ちます。先にやったカットで、キー・カードはトップかボトム近辺に来ているので（観客がキー・カードの上でカットしたか下でカットしたかによります）、そこに続く今回のカットは、キー・カードをデックの大体真ん中あたりへと移してくれているのです。

Made for Each Other

　2枚のカードはデックの中のどこかに行ってしまったことと、演者も観客もそれぞれのカードがどこにあるのか、知るすべはないことを言いつつ、デックを裏向きでテーブル上に大きくスプレッドします。台詞を言いながらもスプレッドを続け、マークを見てキー・カードを探しだし、そうしたらキー・カードの2枚上のカードが何かを特定してください。それこそが彼女の選んだカードです！すぐにそのカードのメイト・カード（同じ数、同じ色のカード。たとえばハートの7のメイト・カードはダイヤの7）が何かを特定し、そのカードを記憶します。これが、トリックの最初に演者が見て憶えたことになっているカードになります。

　その形状には触れず、ハートの半分の形の厚紙を取り出します。この時点ではアイスクリームのコーンのように見えるでしょう。そしてそれを、マーカーと一緒に彼女に渡し、そこに自分の憶えたカードの名前を書き込んでくれるように頼みます。演者も、自分の紙片とマーカーで彼女と同じようにしましょう。双方のマーカーを片付け、さらっとここまでやってきたことをおさらいしてサスペンスの間を取ってください。そうしたら双方の紙片をひっくり返して書いたものが見えるようにして、ハートの形になるように2枚をくっつけます。数も、色も完璧にマッチしているようです！（写真3）

写真3

　「これはもう、運命の相手同士に違いないようですね」　確信めいた感じで宣言します。さて、どうしましょうか……。

Psy-Show

　このプレゼンテーションのまさに核心（！）部分は、演者がお手伝い役の女性と相性ぴったりだというやり取りを、きわどい誘惑をするかのように演じるところにあります。手順はすぐに、二者の相性、つまり演者と彼女が同じ波長を持つ

Transparency

ているかどうかが分かるという、"相性占い(ラブ・テスト)"の様相を呈さなくてはなりません。相互の響き合いを最高のものにするには、手法はシンプルで説得力がなければいけませんね。

　観客たちが自分の見たことの話をするとき、以下のようにしか記憶していないでしょう：「演者と参加者の女性は2人とも、シャッフルされたデックからそれぞれ1枚選んだ。2人はそれぞれ別の厚紙に自分のカードの名前を書いた。……そうしたらそれがマッチしたんだよ！」と。デックをまとめたところと、スプレッドしたところは、手続きに一切のインパクトを与えていないように見えるため、記憶の中では完全に陰に隠れてしまうのです。

　"テスト"という主題を徹頭徹尾演じることで、本作は単なるいちトリック以上のものになり、観客がそれを説明するときにも、「あれは単なる手品以上の何かだった」と言わせてしまうような、困ってしまうくらいはっきりとした体験だったと思わせることができるのです。

Out of this Deck

Effect

　観客の1人が、新品のデックのセロファン包装を取り、シールを剥がし、カードを箱から出します。それからシャッフルもします。マジシャンの指示で、目印用のカードとして赤と黒1枚ずつ計2枚選び、表向きでテーブルに置きます。マジシャンはデックを裏向きでスプレッドし、その観客に、「貴女自身がこのトリックにおけるマジシャンとなってほしい」と言うのです。マジシャンは観客に古びたメンタリズムの本を渡し、人の身でありながらも、カードをひっくり返すことなく、その表の色を知ることができる特別な力を授かる秘術についての部分を読んでくれるように頼みます。

　マジシャンはデックの中のカードを1枚指差し、彼女にそのカードの色が感じ取れるかを聞きます。彼女が赤か黒かどちらかを言ったら、そのカードを引き出し、対応する目印カードのところに置きます。これを、大体15枚ほど繰り返したらこの実験を止め、彼女が古の奥義のエッセンスをつかむことができたか確認してみるのです。赤の目印カードのところに並べられたカードを1枚ずつ、はっきりと表向きにひっくり返していきます。カードはすべて赤です！「同じようにお願いします」と言われた観客が、黒の目印のところのカードをひっくり返していくと、これもすべて黒なのです！

　デックはそのまま置いておいて検めさせることができます。

What You Need

　新品未開封のBW・マークト・デックを1つ。
　古いマジックの本を1冊、できればメンタリズムに関係するものであるのが望ましいです。ソフト・カバーのペーパー・バックのようなものより、時を重ね、埃をかぶったような古いもののほうがいいでしょう。

Transparency

Preparation

— 本の準備：あとに出てくる指示用ページをコピーして、古びたマジック本のどこかのページに貼り付けておきます。

— デックの準備：特にありません。

Preamble

　察しのいい読者の方たちはおそらくお気付きでしょうが、本作 "Out of this Deck" は、ポール・カリーによる古典トリック、"Out of this World" の変種です。どうしてまた別のを作ったか？この古典的傑作トリックの改案として私がやりたかったこと、それは目に見えるごまかしの仕掛けは一切使わずに、この現象そのものを可能な限り忠実に実現することでした。その理想形については、私の頭の中に極めて明確に存在しています。それは以下のような流れです。

　デックがシャッフルされ、裏向きでスプレッドされます。演者は適当に何枚かのカードを指定し、観客は直感に従って、それを赤と黒に選り分けていくのです。観客に赤だと言われたカードは赤の目印カードの隣に並べていき、黒だと言われたものは黒の目印カードの隣にまとめていきます。最後に、手伝ってくれた参加者、もしくは他の観客の手によって、カードが公明正大に表向きにされます。マジシャンがやる必要はありません。それぞれの目印カードのところに置かれた山のカードは、すべてその目印と同じ色であることが示されます。実にシンプルで、直接的ですね。

　さて、理想の手順なら、カリー氏のオリジナル手法でやるような、目印の位置を替えるという2段目をすることなく、カードの色が一致していることを示すことができるはずですよね。ですがこのトリックを成立させる仕組みが、スイッチという手法に依存している以上、その解決は大変困難でしょう。

　そこで私はマークト・デックを使うことを考えたわけです。マークト・デックを使えば、デックが裏向きの状態でもカードが何かを判別することが簡単にできますからね。ですが、私はこのマークの存在と、カリー氏の素晴らしいコンセプトとを、うまく噛み合わせるようにする方法については見出せずにいたのです。このテーマを様々な角度から考えた結果、私が心に思い描いた"クリーン"なバージョンを成し遂げるには、方法は1つしかない、と結論づけました。サクラを使うのです。私はそれまでサクラを使ったことはありませんでしたし、なんというか、サクラを使うという考え自体がいまいちイケてないと思っていたのです。ですが

結論はこうでしょう：手法はバレなければ、トリックには関係ない。

　即席のサクラを作りあげる、というのが、私のバージョンで使う実際の手法です。概念としてはとてもシンプルなものです：サクラ役の観客は引き返せないところまで来て初めて、つまりトリックが半ばまで進行し、他の観客たちに囲まれている状態になるまで、自分が"サクラ"になるということを知らないのです！したがって、ショーの前に打ち合わせも必要としませんし、手順全体も極めて明白、何も隠していないように見えるでしょう。観客のサクラへのジョブ・チェンジは暗黙のうちに行われ、言葉での直接的な指示も必要としません。

　"Out of this Deck"は、私のレパートリーの中で唯一サクラを必要とするトリックですが、その成果物は非常に素晴らしく、現象によって手法は完全に正当化できたと考えています。そしてこの手順は、先に触れたことがらについて、すべてを満たすものです。では見ていきましょう……

〈本に貼り付けるための指示用ページ〉

　このあとすぐ、あなたはマジシャンになるのです！役を演じきるため、以下の『秘密の説明』を憶えてください。

　カードの色を推測するには、私の右手人差し指を見てください。
・　伸びていたら、カードは赤です
・　曲げていたら、カードは黒です

　なんで私が分かるのかは聞かないでください。ていうか私にもよく分かりません！

　ですが、この『秘密の説明』を守ってくれれば、観客の皆さんからあなたに大きな拍手が贈られることをお約束しましょう。

　もし誰かが「どうやったんだい？」と聞いてきたら、「マジシャンには内緒にしなきゃいけないこともあるんです」とお伝えくださいませ。さて、うまくいきますように。そして以下のことだけ憶えておいてくださいね。

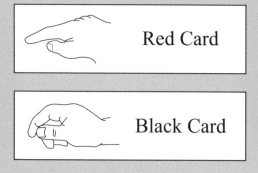

Performance

　デックをよく見せて観客に渡し、まだ封を開けていない、まっさらな新品であることを確認してもらいます。観客にセロファンを取り去ってもらったらデックを返してもらい、演者はフラップのところのシールを破きます。演者がシールを破くことが、デックを返してもらうことを正当化する理由付けになっていますので、このプロセスはないがしろにせず、きちんとやってください。

　フラップのところのシールを破り、中のカードを箱から取り出しますが、このときマーキング・システムについて書かれた2枚の広告カードについては見せないように注意してください。その2枚はジョーカーとまとめ、これから行う実験には必要ありませんから、と説明しながら一緒にポケットにしまいます。

注：事前に箱を開けてこれらのカードを抜き、何らかの方法で再び封をしておくのでも良いでしょう。

　観客の1人にデックを渡して広げさせ、シャッフルでごちゃ混ぜにしてもらう前の、新品デックの順序通りの並びになっていることを皆に示してもらいます。

　彼女がシャッフルしたら、赤と黒、各色のカードを1枚ずつ抜き出してくれるように頼みます。そのカードを表向きで、並べてテーブルに置いてもらいましょう。

　デックを返してもらい、裏向きにひっくり返して、マークのほとんどが見えるようにテーブルにスプレッドします。彼女に、「あなたには、これからマジシャンになってもらいます」と言います。そのためには、演者が学んだのと同じ方法でやってもらう必要があり、いにしえの秘密の書でマジックの秘術の原理を習得してもらう必要がある、と言うのです。

　彼女に演者の隣に来てもらって、"いにしえの書"を手に取ります。この本は数世代に遡り秘法を守ってきた貴重なもので、選ばれし者のみがこの文章から何かを読み取ることができる、と説明します。"貴重な"、"希少な"、"用心深く守られてきた"、それから"世代を超えた"、こういったフレーズを使うことで、彼女がいまから読もうとしているのは、まさしく秘密であったものであり、これからもそうあるべきものだと観客に納得させるのです。これは、貼り付けた紙の最後のフレーズ『マジシャンには内緒にしなきゃいけないこともあるんです』を強め、そこにさらなる深みを与えるでしょう。

Transparency

　指示書きの紙を貼り付けたページを開き、彼女に黙読してもらいます。もちろん、これはお手伝いをお願いしている彼女以外の誰にも見えないようにしてもらってください。お手伝い頂く方には、決して大声で読み上げさせたりしてはならず、またいかなるコメントもさせないようにしてください。指示書きは、素早く簡単に理解してもらえるようにデザインしてあります。お手伝いの方が読んでいる際、その反応をよく見ておいてください。彼女が読んで理解し終えたタイミングで親しげな視線を投げかけ、そしていま読んだ方法が理解出来たか尋ねましょう。そうしたら本は返してもらい、すぐにどけておいてください。

　観客の人たちに、このお手伝いしてくれる方には、これからマジシャンになってもらう、ということを言います。演者がこのスプレッドの中のカードを1枚指差し、それが赤か黒か、このお手伝いの方に判別できるか挑戦してもらう、というのです。ここでは、お手伝いの方から演者の指の曲がりがはっきり見えるよう、位置に気をつけてください。お手伝いの方に準備OKかを聞き、OKという返事をもらえたら、スプレッド中の赤のカードを指さします。演者は人差し指を伸ばしたままで、です（写真1）。

写真1

注：赤いカードはレベル2（ハート）とレベル4（ダイヤ）で、一方黒いカードはレベル1（クラブ）とレベル3（スペード）です。

　「このカードは赤だと思いますか？それとも黒？」とお手伝いの方に聞き、その応えを待ちます。彼女が「赤です」と言ったらすぐ、それをスプレッドから抜き出して表向きにひっくり返し、「これは幸先がいい！」と高らかに言いましょう。これでお手伝いの方は安心しますし、また期待された通りに働けていて演者が喜んでいることも確認できます。

最初の赤いカードを裏向きにして、赤のマーカー・カードの下に置きます。

注：ごく稀にではありますが、お手伝いの方が「黒です」と言ってしまうことがあります。このときには、まずカードを表向きにして、赤であることを示します。それから彼女には、もう少し集中する必要があること、それとよければもう一度例のページを読み直してもいいことを伝えましょう。こういった失敗もあります。ですが混乱してしまったお手伝いの方は、もう一度読み直したいと自分からは言い出せないでしょう。ですから、ここで再度本を読んで確認し直しても構いませんよ、という選択肢をコメントの中に入れておくのがいいのです。

お手伝いの方の自信を強めるため、指を伸ばして新たに赤のカードを指差し、今度は何色かを聞きましょう。写真2は、カードを抜き出す際に、スプレッドを乱さないように抜き出すやり方を示したものです。たくさんカードを引き出したあとでも、スプレッドがぐちゃぐちゃになってしまわないのをご覧になれば、このちょっとした安全策の必要性がお分かり頂けることでしょう。

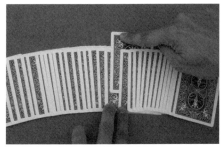
写真2

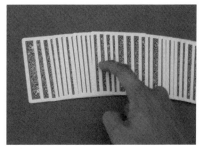
写真3

分かりやすく曲げた右手人差し指で、黒のカードを指差してください。写真3のようなかたちです。このジェスチャーは即席のサクラさんには明らかですが、他の観客にとっては何も変わっていないように映ります。他の観客たちが演者の正面にいることは、演者に有利に働きます。指が曲がっているかどうかは、正面からだと判別しづらいですからね。この状況からは極めてバレにくいのです。

12枚かそこらまでこれを続けますが、決してこの数を大きく超えないでください。観客の興味はあまり長時間持続しないでしょうからね。また、それぞれの色を同枚数にして終わらせなくて大丈夫です。その必要はありませんし、むしろ望

Transparency

ましくもありません。カードはランダムに選ばれた体になっていますからね。なので同じ色が3枚4枚と連続しても一向に構いません。

ここで、あなたが演出に入れたがるであろうサトルティをご紹介します。観客の中からもう1人別の方にテーブルのところまで来てもらい、カードを1枚指定してもらうのです。マークを見てそのカードの色を判別したら、演者の人差し指を適切なかたちにして (つまり、その色に応じて、伸ばすか丸めるかして) 触ります。「これですか？」とその参加者に聞き、同意をもらえたらすぐにその人にお礼を言い、お手伝いの方には色を言ってもらいましょう。

これを挟むことには二重の意味があります。まず、別の観客に参加してもらうことで、このプレゼンテーションにおける観客の興味を持続させてくれます。そしてもう1つは、別の方にカードを指差してもらったことで、どのカードでも選ばれる可能性があったのだと観客たちに認めさせることができる、ということです。とはいえあまり使い過ぎないようにしてください。1回、多くても2回で十分です。

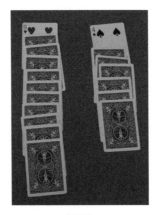

写真4

トリックを終わらせるタイミングかな、と思ったところであなたは、写真4と似たような状況になっていることでしょう。お手伝いの方に、この選り分け方に自信はあるかと聞き、実際に確かめてみましょうかと持ちかけます。

デックをざっと集めて、もう使わないものとして脇にどけます。赤の目印カードの並びにある一群を、揃えたりせずそのまま全体を一気にひっくり返してくだ

さい —— カードはすべて赤です。お手伝いの方にもう一方の目印カードのほうをひっくり返してもらいましょう —— すべて黒ですね。

観客たちへ、"とんでもなく凄いことを成し遂げてくれた"お手伝いの方への温かい拍手を促してください。お手伝いの方の素晴らしい成果を存分に讃え、席に戻って頂きつつ、微笑みながら"マジシャンは秘密を守らねばならない"ことを念押ししましょう。

Notes
マジシャンを相手にこれを演じている場合用の、特別な終わり方をご紹介しましょう。操作をやめて結果を明らかにしていくところまできたら、観客たちに以下のように尋ねるのです。「2つの可能性があります。表向きになっている目印のカード、赤と黒がありますが、この位置を交換しますか？それとも、ここで止めて、すぐに結果を確認していきましょうか？どちらがよろしいでしょうか？」と。これはほとんどのマジシャンがよくご存知の、ポール・カリーのオリジナルのハンドリングに対する言及です。

予期せぬ驚きがあるのかと、マジシャン仲間たちはきっと2番目の選択肢「そのまま確認」を選ぶことでしょうね。

Psy-Show
現象が起こってすぐのインパクトと、そのあとにも残り続けるであろう思い出、この両方を最大化するためには、たくさんの要素について考慮しなければなりません。

— 新品未開封のデックを使うことについては、表立って言及はせずに、"まっさらである"ことを暗に強調します。正当化する必要はありませんし、注目を集める必要もありません。

— 即席のサクラとして選ぶ観客については、あらかじめ心のなかで考えておいてください。前にやっているトリックの間に観客集団の振る舞いをよく見て、サクラの素養がありそうだと思えるような1人を選んでおくのです。

— 本の間に挟まれる指示書は、観客に責任感を与え、また観客は常に演者の管理下にあること、そして成功の栄誉はすべて観客が得るであろうということを認識させるように設計してあります。文章は、『お手伝いの方にはマジシャ

Transparency

ンになってもらうこと』『なにを演じてもらうのかについて』『説明に従ってもらえれば、この大成功はお手伝いしてくれたあなたに帰するものであること』、そして最後に、『お手伝いの方の幸運を祈る』という内容になっています。ここには感謝であったり、何かを"請い願う"ものだったりといった、いうなればお手伝いの方に優位性を与えたり、この機会を利用してマジシャンの邪魔をしようという気にさせるような文言はありません。お手伝いの方に理解してもらうこと、それは、いまからやることは自分自身のためであって、マジシャンのためではない、ということです。お手伝いの方がマジシャンに、そして主役になるのです。アンディ・ウォーホルの言ですが、お手伝いの方に15 minutes of fame(つかの間の名声)がもたらされるわけですね^{訳注}。

— 秘密を守ることに関して、お手伝いの方は自分が非常にデリケートな状況にあることに気付くでしょう。以下の３つの理由が、秘密を守り通すようお手伝いの方に働きかけます。

- 手法をばらしてしまうことは、お手伝いの方のパフォーマンスを貶めてしまいます。これは特に、お手伝いの方が鳴り止まない熱烈な拍手を得ていた場合に言えるでしょう。
- 秘密を説明しようとしてもうまくいかないでしょう。なぜなら、彼女の手には謎解きのピースが揃っていないのですから。お手伝いの方は、演者がどうやって色を判別できたのか分かりません（新品未開封のデックで始めていることで、秘密のマークという可能性は排除されます）。そうなると、お手伝いの方は中途半端なネタバレをすることなく、沈黙を選ぶことがほとんどでしょう。
- 挙げるのが最後になってしまいましたが、一部の方は、倫理的な価値観や秘密という概念に極めて敏感です。この感覚がここでは、あらゆる不適切なネタばらしに対する最大の抑止力となるでしょう。

訳注　アメリカの画家、アンディ・ウォーホルの言葉："In the future, everyone will be world-famous for 15 minutes."から。

Out of this Deck

とっても変な、そっくりさんコンテスト…

Impossible Divination

Effect
　マジシャンは観客にデックを渡し、シャッフルしてもらいます。終わったらデックを受け取り、表の面が観客に見えるよう、ファンにして立てて持ちます。そうしたら、マジシャンが顔を背けている間に、観客に1枚カードを抜いて憶えてもらい、それからどこでもいいのでファンの中に戻してもらいます。

　デックはまだファンに開いたまま、選ばれたカードが1枚だけ突き出た状態ですが、そのままデックを観客に渡してシャッフルしてもらいます。

　マジシャンはデックを受け取り、両手の間で自分に表の面が見えるようにカードを広げ1枚を抜き出しますが、これは選ばれたカードではありませんでした。このカードはテーブルに裏向きで置き、マジシャンはカードを広げて見ていきます。

　何度も探しますが、結局マジシャンは諦めます。なぜなら、選ばれたカードはもうデックの中には無いという結論に達したからです。

　最後に、マジシャンは観客に、最初にテーブルに置いたカードがあなたのカードではないでしょうか、と聞きます。観客は否定しますが、それでもなお、マジシャンから確かめてみるように言われます。驚くべきことに、それが選ばれたカードになっているのです！

What You Need
　BW・マークト・デックを1つ。

Preparation
　特にありません。

Performance

- 事前注意：オーバーハンド・シャッフルができる観客を見定め、その人をお手伝い役に選ぶ必要があります。これは、これより前の手順を通じて確かめることができるでしょう。

デックを観客に渡してシャッフルしてもらいましょう。シャッフルし終わったら受け取り、表をそのオーバーハンド・シャッフラー嬢に向けて両手の間でファンに広げます (写真1)。デックから顔をそらし、彼女にファンの表を見て、好きなカードを1枚抜き出すようにお願いします。これは彼女の選びたいもので構いません。彼女がカードを抜いたら、その抜かれた場所あたりでデックを2つに分けます。正確にその場所である必要はありませんので、単純にファンを2つに分ければ結構です (写真2)。両手に大体同じくらいの量のファンを持っている状態です。

写真1

写真2

いまからまた前を向くので、私に選んだカードが見えないよう隠してください、と言います。前を向きながら、ところで他の方々はカードを見ましたか、と尋ねましょう。これを言いながら、そして観客の返事を待ちながら、両手のファンのうちの2枚のカードのマークを読み取ってください。1枚は左手パケットの一番上のカード、もう1枚は右手パケットの一番下のカードです (したがって、写真3のように、パケットの左端のマークが見えている必要があります)。

写真3

左から右へ、並び通りに憶えてください (左を#1、右を#2とします)。演者

はお手伝い役の方に対して、カードの表を隠すように言いながら急かしていましたので、選ばれたカードが何かを、ほかの観客たち全員が見ている可能性は低いでしょう。再び演者は顔を背けたら、選ばれたカードが何か、観客のみんなに分かるようにしてあげてください、と頼みます。そうしたら顔を背けたまま、その観客にカードを戻してくれるように言います。自然に、左右の手のパケットの間、憶えた（左手側パケットの）キー・カードの上に戻してくれるでしょう。すぐにデックをその観客に渡しますが、まだ顔は背けたままです。選ばれたカードは憶えた2枚の間に挟まれている状態です。その観客にデックを渡して揃えてもらい、もしやりたければさらっとシャッフルしてくれるように言いましょう。台詞を言いながら、オーバーハンド・シャッフルのジェスチャーをしてみせます（言葉には出しませんが、これで観客がオーバーハンド・シャッフルするように制限しています）。また、追加のシャッフルは"選択肢"として挙げているだけですので、観客がそれ以上シャッフルしないこともあります。さらっとシャッフルしてください、などの条件をつけていた場合には特にそうでしょう。

「終わりましたか？」と聞いて、少し間をおいてから観客へと向き直ることで、それ以上シャッフルされるのをさらに制限します。シャッフルされたデックを受け取りましょう。演者はカードの表を自分のほうに向けて広げていきながら、こんな厳しい状況下でカードを探し出すのはすごく難しいことですよね、と言います。

ここで想定されるシナリオは2パターンです。その状況によって、トリックの結果は違ったものになります。リフル・シャッフルと違い、オーバーハンド・シャッフルを短時間やったところで、2枚のキー・カードと選ばれたカードの位置は変わらないことがほとんどでしょう。

シナリオその1
"キー・カード＃1、選ばれたカード、キー・カード＃2"という状態のままだった場合

デックの表を自分に向けてスプレッドし、2枚のキー・カードを探します。この2枚の間に1枚だけカードが挟まっていた場合、それが選ばれたカードです。それを憶えてから選ばれたカードの上（トップ側）でカット、選ばれたカードを表向きデックの一番向こう側へと移します。

その観客に「カードがなにか、分かったと思います」と言います。デックを裏向きにひっくり返し、左手ディーリング・ポジションに持ってください。トップ

から2枚目の下にブレイクを取り、ダブル・リフトを行って、見えているカードの名前を言います。観客はそのカードではない、と言うことでしょう。演者は「あなたの選んだカードだ、とは一言も言っていませんよ」と言い返します。単に一番上のカードが何か、読みあげただけです、と。

注：このギャグは特に新しいものではありませんが、観客たちに言う度にウケますし、シナリオのこの箇所にぴったり合います。

不満げな反応をもらったら、ダブル・カードを裏向きにひっくり返しながら「合ってるはずだったんですけどねえ……」と言い、裏向きのトップ・カードをテーブルに置きます。実際にはこれが選ばれたカードです。再度デックを表向きにひっくり返し、"この中の"どこかにあるには違いないんですが、と言いながら、カードを行ったり来たり調べていきましょう。

カードを行きつ戻りつする速度を上げ、がっかりとしたため息をつき、表情も楽観的から苛つき、そして落胆へと変化させましょう。最後に、観客の選んだカードを見つけることができないことを、きまり悪そうに認めます。色とスートについてははっきりと思い浮かんでいるが、その特徴に合うカードがデックの中に見当たらないので、カードを見つけられない、と言いましょう。カードの箱を取り上げ、中を覗き込みますが、何も入っていません。

最後に、テーブルに置いたカードを指差し、その観客に「これではなかったですよねえ」と尋ねます。彼女の返答によらず、表向きにしてくれるように頼んでください。これこそ彼女の選んだカードなのです！

シナリオその2
"キー・カード＃1、選ばれたカード、キー・カード＃2"という状態が崩れていた場合

3枚のグループが崩れてしまっていました。オーバーハンド・シャッフルの特性として、デックの3箇所に散るということはまずありませんが、2箇所に分かれてしまったパターンです。選ばれたカードは、どちらかのキー・カードの隣のままでしょう。これがキー・カードを2枚使っているメリットです。

デックの表を自分に向けて広げ、2枚のキー・カードを探しましょう。キー・カード＃1と＃2が2枚以上離れていた場合、シナリオその2だな、ということ

Transparency

が分かります。選ばれたカードは2枚のキー・カードの間に差し込まれましたので、その現在の位置は以下の2パターンのどちらかになっているはずです[訳注]。
- ＃1のすぐうしろ (カード"A"とします)
- ＃2のすぐ手前 (カード"B"とします)

以下の方法を利用することで、"フィッシング (カマかけ)"を使わずにカードを当てましょう。カード"A"を半分くらいアップジョグし、そのまま手から手にカードを広げ、"B"までいきます (AとBは観客の選んだカード候補の2枚です)。デックを"B"のすぐうしろで分け、左手親指で"A"を左手に、"B"のすぐうしろに引いて取ります。そうしたら、その2枚がデックのトップに来るよう、一度カットしてください (デックは演者の手元で表を向けているので、デックの向こう側に行くように、と言ったほうが正しいかもしれませんね)。

デックを裏向きにひっくり返します。トップから2枚目のカードの下に左手小指でブレイクを取り、ダブル・リフトを行い、見えているカードの名前を言います。観客からの反応は以下の2パターンのどちらかになるでしょう。
- 先ほどのシナリオと同様、そのカードではない、と言われる。その場合はシナリオその1のときと同様に進めて、演技を締めくくります。
- 観客がはっきりと反応したら、このカードこそが観客の選んだものです。拍手喝采ですね！

Psy-Show

この章の最初、"The Ideal Effect"でも説明しましたが、マーキングが施してあるのではないかという疑いは、実際に口にしたりせず、暗黙のうちに取り除きましょう。抜き出される、戻してもらう、シャッフルしてもらうなどの、手順のカギとなる部分では、演者の視線はカードには向いていません。これがマークト・デックの可能性を排除してくれます。あなたは選ばれたカードの裏を一度も見ていませんからね。

2枚のキー・カードを見るときに顔を正面に戻すところは、アネマンの"Mystery of the Blackboard"によるところ大です。また、シャッフルをさらっと"させる"という点でもお世話になっています。

訳注　先のシャッフルのところの記述の通りめったに起こりはしないのですが、オーバーハンド・シャッフルの際に特定タイミングでランを挟まれた場合など、極稀ではあるものの、選ばれたカードが＃1のすぐ手前や＃2のすぐうしろ、などになる可能性もゼロではありません。

ちらっと振り返る戦略は、その動作のタイミングと、観客が感じるちょっとした気まずさにより、心理的に見えないものになっています。まだカードを見ていない方はいらっしゃいませんか、と観客たちに聞くこと、そういうのは普通、特定の個人を見ながら言うのが自然ですよね。これは自発的な動作のように見えます……真実からは程遠いのですけどね。

　またここには、他の観客にまだカードを見せていないことで、お手伝いの方が感じるであろう、ある程度の気まずさもあります。この気まずさが彼女のガードを下げるのです。本作の文脈においては、ちらっと振り返る戦略は、本当に見えないものになっているのです……。

Invisible... But Marked!

Effect
　マジシャンは観客にデックを渡し、好きなだけシャッフルしてもらいます。デックを受け取ったら、この52枚のうち、なんでもいいので1枚、カードを言ってくれるように観客に頼みます。観客の選択を変えさせようというおふざけのあと、マジシャンはデックを表向きでテーブルに置きます。マジシャンはデックの側面を見てから、カードを1枚抜き出すジェスチャーをして、満面の笑顔でその見えないカードをみんなに見せたら、ひっくり返してデックの真ん中あたりに差し込みます。

　マジシャンは観客に、こんなに不思議なことが起こってびっくりしたかを聞きます。しかし観客はとても懐疑的ですし、当然なにがしかの証拠を求めるでしょう。マジシャンはなにも怪しい動きもなしに、デックを表向きでスプレッドします。すべて表向きの中、1枚だけ裏向きのカードが見えます。マジシャンは観客にそのカードをひっくり返してくれるように言います。そのカードこそ、観客が少し前に言った、まさにそのカードなのです！すべて検めてもらうことができます。

What You Need
　BW・マークト・デックを1つ。

Preparation
　特にありません。

Performance
　注：このトリックは、"Invisible Deck" や "Ultra-Mental Deck" を、専用のギミック・デックを使わずに演じるというバリエーションです（BW・マークト・デックは様々な使い方ができますし、カードに物理的な加工もしていません）。あな

Invisible··· But Marked!

たが他の手順で使ってきた同じデックで演じることができるのです（スイッチもしませんよ）。観客が望むならカードをスプレッドしてもらうこともできますし、最後に検めさせることも可能なのです。

デックを観客に渡し、好きなだけシャッフルしてもらいます。デックを返してもらったら、観客に52枚のカードのうち、なんでもいいので1枚言ってくれるように頼みながら、両手の間で裏向きに広げ始めます（だいたいデックの4分の1）。

カードが何かを聞いたら、すぐに該当するレベルがどれかを把握します（ここではハートの9と言われたとしますと、それに即した高さはレベル2ですね）。そしてすでに広げたカードについて、その範囲の該当レベルをさっとスキャンしましょう。もしその中にハートの9があったら、次のフェイズに進んで構いません（25％の確率でそうなります）。

もしなかったら、言われたカードが見つかるまで、そのレベルに集中しながら、両手の間でカードを広げ続けていきます。こんな台詞を言うことで、動作の理屈付けとするのがいいでしょう：「デックは完全にシャッフルされてしまいましたので、この順序を知ることや、どのカードがどこにあるのかを知るのは、まったくもって不可能ですね」　カードをスプレッドするという動作は、台詞を説明するためだけに行われているように見えますし、演者はカードの表を見ることはできませんので、言っていることも全く正しいのです。

言われたカード（ここの例ではハートの9）を見つけたら、本書の"The Ideal Effect"や"Peek Sandwich"のところで説明したように、それを密かに"カル"してファンの下にスティールします。スプレッドは最後まで続けて、台詞に合わせた説明を終えてください。スティールしたカードをスプレッドの下に留めた状態でカードを揃え、そのカードがデックのボトムに来るようにします（写真1は下から見た図です）。

写真1

デックを左手ディーリング・ポジションで揃え、この動作を利用してボトム・カー

Transparency

ド（言われたカード）を左手中指でバックルしましょう。そうしたら右手をデックの上からかけてビドル・グリップで保持し、ブレイクは右手親指へと移してください（写真2）。

写真2

デックを右手ビドル・グリップで保持し、言われたカードの上には右手親指でブレイクを保ちます。デックの上半分を右手人差し指で持ち上げ、左手へとスイング・カットしましょう（写真3）。本をめくるようにパケットを表向きにひっくり返して左手に取ってください（写真4）。

写真3

写真4

左手の表向きになったカードを見せながら、観客に冗談めかして、おどけた調子で尋ねます。「このカードじゃあ、お嫌ですか？」

右手はそのまま動かさないでください。左手を右方向へと動かし、このパケットが右手パケットの真下に0.5秒ほど重なります（写真5）。

Invisible… But Marked!

写真5

写真6

　ここで、ブレイクより下の1枚を密かに左手のパケットに付け加え、すぐに左手首を時計回りに回転させて伏せるようにします。このとき、右手のパケットをカバーに使い、いま付け加えたカードの裏面が見えてしまわないように気をつけてください（写真6）。

　これができたらすぐ、左手を伏せるのと、右手のひらを上に向けるのを同時に行います。そして右手前腕部を右へと動かすことで、いま見えている表向きのカードへと注目を集めるのです（写真7）。

写真7

　再度、冗談っぽく観客に問いかけます。「では、こっちじゃ駄目ですか？」「これもお嫌ですか？ホントに？……それで私が困っても？」　観客の答えを待ち、そして付け加えます。「ホントに困るのに！」

　観客がギャグに反応している間を利用して、以下のような流れでカードをすべて元の位置関係に直してください。まず右手を伏せ、右手を左方向へと動かしま

95

Transparency

す。そこで左手は右手のパケットの上に左手のパケットを裏向きで置きます(写真8)。

写真8

　デックを左手ディーリング・ポジションで揃え、手を伏せるように回転させて、デックを表向きでテーブルに置きます。演者が2回目に見せたカードが一番上に見えていますね。それを指差しながら、皮肉っぽい調子でこう言います。「あなたは間違っていますよ。これは本当に良いカードなのに……。ですが、あなたの選択は尊重します。ええと、確認しておきますが、選んだのは……」　自分はど忘れしてしまったかのように、観客に自身の選んだカードの名前を言わせ、こう言います。「ハートの9、そう、そうでした！」

注：この一連の手順で演者がしたのは、2枚のカードを見せて観客を心変わりさせようとしたことですが、これには数秒しか掛けておらず、トリックの根幹にはまったく関係ないことだという印象を与えたに違いありません。あくまで演者と観客の間のお遊びであり、彼女をなんとか心変わりさせようするオーバーな演技も、観客たちを楽しませるのが目的なのだと感じさせるのです。

　テーブルに置いたデックの縁を堂々と見て、それをじっと眺めながら少し身を乗り出し、なにかもごもご呟きます。「そう、ハートの9……」　そのカードを探している演技をしてください。突然、探しているものが見つかったかのごとく一瞬固まり、デックから見えないカードを1枚引き抜くような動きをします。晴れやかな顔でそれをみんなに見せ、お手伝い役の観客にも頷いてみせます。彼女もこのお遊びに付き合って頷き返してくれるでしょう。見えないカードをひっくり返し、デックの真ん中あたりに差し込む真似をします。

　まるで、いままさに奇跡を演じきったかのように観客の前でポーズを決め、こ

のトリックでどれだけ驚いたか観客席に尋ねます。おそらく、観客は特段の感銘を受けていないでしょうし、そのままそう伝えてくれるでしょう。そうしたら起こったことを要約しましょう：「あなたがデックをシャッフルし、お好きなカードを言いました。そして私がデックからそのカードを見えないように抜き出し、ひっくり返して、それをデックの真ん中に入れたわけです。そしてなんと私はこの間、まったくデックに触れていないのです！これはもう、相当びっくりじゃないですか？」

まるでトリックが終わったかのようにデックを回収しようとしますが、触る直前にピタリと動きを止め、観客があまり感銘を受けていないことに驚いたふりをします。「ハートの9はただ1枚、このデックの中でひっくり返っているカードです。……あれ、信じてらっしゃらない？証明してくれって……？えー、分かりました」

デックを表向きで、右手の指先でそっと広げて、すべて表向きのカードの中に、本当にただ1枚だけ裏向きのカードがあることを示しましょう。そして言います。「繰り返して言いますが、私は何も触らないようにしたいのです……。すみませんが、この1枚だけ裏向きのカードを取ってひっくり返してくださいませんか。そして皆さんに見せてあげてください。これが本当に……」 観客がそれをしてくれている間に付け加えます。「ハートの9だってことをね！」 同時に、彼女はそれが本当にハートの9であることを、観客の皆に示すことになります。

Psy-Show

このトリックで大変重要なこと、それは観客がこのトリックが始まったと思うタイミングを、演者がはっきりと決めることです。演者がデックをテーブルに置き、じっと見つめて、言われたカードを探そうとするまさにこのタイミングでトリックが始まったかのように振る舞わなければなりません。これより前に起こったことは、マジックのトリックの中で必要なフェイズであったかのように見えてはいけないのです。観客はトリックが終わった時点でその部分をほぼ確実に忘れているでしょうし、種を見破ろうとする人たちでも、その箇所はトリックの一部には見えていませんので、考えの可能性からは外してしまうでしょう。デックをテーブルに置いたとき、この瞬間から演者はトリックが始まったかのように振る舞うのです。ここより前は、単なるちょっとしたお遊びなのです。いずれにせよ、演者がデックに集中するより前に何か準備をしていた、という疑いを観客が持つことはないでしょう。なぜなら、そのデックは観客がしっかりシャッフルし、そしてずっと裏向きでしたからね。この段階で、演者に何ができるというのでしょうか？

Transparency

　さらに、観客に表向きのカード2枚を見せるとき、なにげない感じでできていれば、ここで秘密の動作をしているようにはまるで見えません。演者はお手伝いの方と喋り、お遊びを仕掛けながら、観客全体を楽しませているだけなのです。演者の態度だけでなく、台詞回しもまた同じように大切です。2枚の表向きのカードのどちらかに観客の選択を心変わりさせようという、あからさまな干渉を大げさに演じれば、それはプレゼンテーションにおけるお遊びの一環のように見えますし、実際の犯行手口のいち要素には見えないのです。

　このように演じるほど、彼女もお遊びに乗ってくれて、こんな見え透いたやり方じゃカードは変えないわ、ときっぱり拒絶するようになりますし、こうなると観客たちにとってもこのお遊びはより楽しいものになることでしょう。

　最後に。「デックに触れずに」や「繰り返して言いますが、私は何も触らないようにしたいのです……」と言及することは、手順の最初の部分を観客に忘れてもらう、ということを強める一助になっています。そして、これはまた、どんなデモンストレーションにもいえる究極のゴール、すなわち「何も操作していないように見えたのに現象が起こった」ということを、観客の心に刻みこむためのものでもあるのです。

The Ultimate 21-Card Trick

Effect

デックを観客に渡し、シャッフルしてもらいます。マジシャンは、「世界で一番有名なカード・トリック、それは21-Card Trickと呼ばれています」と言います。どんな手続きを踏むトリックであるかと、マジシャンが最初に習うことが多いトリックであるということを簡単に説明します。マジシャンは、今日はそのトリックをさらに凄い方法で、具体的には手順の最後までカードに触らず、そして表を見ないで行ってみようと言うのです。

観客にカードを配らせます。オリジナルと同じように、テーブル上に7枚ずつの山を3つ作ってもらうようにお願いし、残りのカードは脇にどけておいてもらいます。観客には好きな山を1つ選ばせて（フォースではありません）、最後にもう一度シャッフルしてもらいましょう。そうしたらその山のボトム・カードを見て憶えてもらいます（そのため、マジシャンにはそのカードの表も裏も見えません）。

観客に自分の山を再度シャッフルさせ、先ほど選ばなかったどちらかの山にそれを載せてもらいましょう。最後に残った山もいま重ねた山の上に載せさせます。そして、デックの残りをそこに加え、52枚全体をシャッフルさせます。このような状況では、マジシャンが観客の選んだカードを見つけることは不可能のように思えます。なぜならカードに触ってもいませんし、何も見ていないのですからね。

観客がカードをテーブルに裏向きでごちゃ混ぜにし、マジシャンはその上に手をかざしながら集中します。観客に、マジシャンが何も感じられなかったカードは取り除いていってほしいとお願いし、徐々に、色、スート、そして数を当てていくのです。選ばれたカードが何かを当てた時点で、テーブルの真ん中には1枚だけカードが残った状態になります。マジシャンは観客に、カードを表向きにひっくり返してください、と言います。まさしくそれが観客の選んだカードなのです！

Transparency

What You Need
BW・マークト・デックを1つ。

Preparation
特にありません。

Preamble
本作は、観客が「俺だってカード・マジック知ってるぜ」と言って、演者のデックを使ってクラシック・バージョンの21-Card Trick[訳注]を演じようとする、そんな状況（これがまたよくあるのですが）における理想的なトリックです。もしそういう状況になったら、彼にはまずそのトリックを演じさせます。そして彼からの「なあ、これは知ってた？」という大いなる問いかけが来たら、「いやあ、知りませんでした」と嘘をついてください。そしてそれの実際のやり方はよく分からないので、"ちょっといくつか変えて"どうにかやってみようと思う、と言うのです。

さて。演者のバージョンを見たあと、その彼は、お友達の前でえらく戸惑ってしまうこと請け合いでしょうね。

Performance
注：このトリックは、シャッフルするときに自然とオーバーハンド・シャッフルを使う人が目の前の観客の中にいる、ということが分かっているときに行うのが肝要です。

前のトリックのときに目星を付けておいた観客の1人にデックを渡し、カードをシャッフルしてもらいます。古典である21-Card Trickはどんなふうに演じられるものか、数理的な原理に基いていること、そして最後に選ばれたカードを当てるためには、マジシャンがカードの表を見る必要があり、また特定の順序でカードをまとめる必要がある、ということを手短に説明します。あまり詳細に踏み込んだ説明はしないでくださいね。

これから自分はそのトリックを、カードに触ったり、見たりしないで、そして誰が見ても数理的な原理を使っていないと思えるようなかたちで演じてみせたい、

訳注　21枚のカードの中から1枚カードを選ばせて、それを当てるカード・トリック。欧米では、手品をしない人でもやり方の1つや2つは知っているくらいの、とてもポピュラーなものです。

The Ultimate 21-Card Trick

ということを言います。すべては、デックから感じとれることを通じて成し遂げるのです、と。

演者は観客に、くれぐれも演技の最中、演者にカードの表が見えないように、とお願いしてから、7枚ずつの山を計3つ、元々のトリックと同じようにテーブルに裏向きで配っていってもらいます。3つの山に配ってもらったらマークを見て、それぞれの山のトップが何なのかを把握してください。

観客には山のうち1つを選んでくれるようにお願いし、そして言います。「最後にもう一度さらっとシャッフルをしてください」そう言いながら、オーバーハンド・シャッフルの動きをしてみせるのです。シャッフルがオーバーハンド式であること、そして山が少枚数(たったの7枚)であることから、たいていの場合において、観客はシャッフルをするとき、まずトップのカード1枚だけを左手に取ることになるでしょう(写真1は観客からの見た目です)。

写真1

ということは、先ほどあなたが山のトップにあるのを見たカードは、いまボトムにあるのです。あとは観客に、持っている山のボトム・カードを見て憶えてくれるようにお願いするだけです。「これなら、誰もそのカードの表の面も裏の面も見ることができませんね」 こんな厳しい状況にもかかわらず、演者は観客がなんのカードを憶えたか分かっていますし、しかもこのあとの諸々は、あなたにとって何ら重要なことではないのです。

お手伝い役の観客を注意深く選び、オーバーハンド・シャッフルの動きをしながら適切に説明ができていた場合、おそらく以下の内容は要らないでしょう。ですが、もし彼女がオーバーハンド・シャッフルのときに、最初に2枚以上のカードを引き取ってしまった場合、山のボトムに来たカードが何か、演者は分かりません。その場合は、彼女にはその山をテーブルに戻してもらい、他の山を取り上げてくれるように言うのです。同じ手続きを繰り返します。そこでトップ・カードだけを最初に引き取ったのを確認したら、彼女に向かって、シャッフルしたらその山の一番下のカードを見てください、と頼むのです。いずれにせよ彼女がカー

101

Transparency

ドを憶えたら、その山を再度シャッフルするように言い、残りの2つの山のうちどちらでもいいのでその上に重ねてくれるように言ってください。あとは、最後の山をシャッフルしてから先ほどの2つを重ねた山の上に載せてもらいます。さらに、彼女はこの21枚をシャッフルしても構いませんし、52枚をまとめてからもシャッフルしてもらいます。

注：この何度となく出てくるシャッフルの流れが、観客とのお遊びの文脈を作ります。演者は、普段トリックを演じるときよりもやたらに多くシャッフルさせるなど、自分自身への挑戦をしているかのように振る舞いましょう。これは観客たちの体験に一味添えるものになるのです。

　もちろん、2つ目の山においてもトップ・カードをボトムへ持ってきてもらえなかったとしても、3つ目の山という最後のチャンスが残っています。ですが、そんな事態は極めて稀です。一番極端なシナリオとして、どのカードがそれぞれの山のボトムに来ているのかまったく分からない状態の場合（演者の説明にもかかわらず、観客が何セットかのオーバーハンド・シャッフルをしてしまったり、予防策を講じていたにもかかわらず、そもそもオーバーハンド・シャッフルをしてくれなかった場合、など）、それぞれの山のトップ・カードが何かもう一度把握し、3つの山のうちどれか1つを指差してください、とお願いしながら後ろに下がりましょう。そうしたら、観客が指差して選んだ山のトップ・カードを取り上げてもらい、それを見てくれるように言うのです。観客には、そのカードを記憶に焼き付けなければならない旨を伝え、あとは先に記載した通りに進めればよいのです。

　途中がどうなっていようと、観客はいま52枚のシャッフルされたデックをその手に持っている状態です。デックの中に埋もれてしまっていますが、演者はそのカードが何か、すでに知っていますね。

　観客にデックを持たせ、裏向きでテーブルの上に乱雑に広げてもらいます（写真2）。これをやってもらっている間、選ばれたカードに即したレベルのマークを見ることに集中しましょう。ひとたびそのカードの場所が分かったら、見失ってしまわないよう、目を離さないでください。

写真2

The Ultimate 21-Card Trick

　もしも見つからなかった場合、おそらくそのカードの上に別のカードが重なった状態になっています。こういった場合、観客に言って、カード群を少しだけ大きく広げてもらうようにします。「こうしたほうが、感じ取るべき波動が広がってくれますので」とかなんとか言いながら。疑念を抱かせないため、いかなる場合でも連続2秒以上カードを見てはいけません。また、デック全体を広げてもらったあとにもかかわらず観客のカードを探せなかった場合ですが、これはさしたる問題ではありません。このあとすぐに見つけられますから。

　これから、選ばれたカードのポジティブな波動を感じ取ってみせましょう、と言います。カード群の上20cmくらいのところで手を平らに広げます。手をゆっくりと動かして広げたカードの上を巡らせ、観客に"演者が何も感じ取れなかったエリア"にあるカードを取り除いていってくれるようにお願いしましょう。もちろん、そのエリアというのは、選ばれたカードを別の場所で見つけたか、または対応するマークのカードがないために、そこに選ばれたカードがないと分かっているエリアのことです。

　同じ手続きをもう2〜3度繰り返しますが、その都度ポジティブな波動は感じ取れなかったと言い、また他のカードが取り除かれたあとに、選ばれたカードが間違いなくテーブルに残っているようにしましょう。

注：もしこの手続きの開始時点で選ばれたカードを見つけられていなかった場合でも、違うというカード群が取り除かれてテーブルの上のカードは減っていくので、すぐに見つけることができるでしょう。

　"ポジティブな波動を感じ"ようとしているとき、極度に集中した状態であるように演じ、徐々に選ばれたカードについて感じられることを言っていくようにしましょう。まずは色やスートを言うのです。それからそのカードが数札なのか絵札なのかを言い、そして少し止まります。この時点で、テーブル上には10枚かそこらのカードしか残っていない状態にします。観客に言ってそれらを離して置かせ、そこから1枚ずつ取り除いていくのです——テーブルの真ん中に、選ばれたカードがただ1枚残るまで。ここまで起こったことをざっとおさらいし、選ばれたカードの完全な名前を言ってから、観客にそのカードをひっくり返してもらいましょう。まさしく彼女の選んだカードです！

Psy-Show

　このトリックの凄さのポイントは、"演者はカードに一切触らない"ところと、"演者はカードを一切見ない"というところにあります。この2点を、特に後者を強調することは必要不可欠です。「私はカードを一切見ない」と言うのは、つまり「私はカードの表を一切見ない」ということなのですが、そこは厳密にしません。観客にとって、カードを見るというのは明らかにカードの"表"を見ることです。その認識からすれば、演者は確かにカードを"見ていません"。しかし実際には手続きのなかで、演者はカードの裏面については"見ている"のです。このことは、本当はとても重要なことであるにもかかわらず、暗黙のうちに何の役にも立っていないことのように観客には思われる、というわけです。

　そうすると、種を見破ろうと思う観客たちは別の選択肢へと向かうのですが、すべての手続きは演者がカードに触れることなくなされていますので、手先の早業やマジックの技術を使うことなど、そもそも話になりません。となると一体このトリックはどうやって行われたのか、これは大変ややこしい問題として観客の前に立ちはだかります。特に、演者は観客に各種の操作をお任せしていましたし、それは演者がなにかコントロールできるようにも見えませんでしたからね。そしてそれが、トリックの成功に繋がるわけです。

　前置きのところでも説明しましたが、このトリックは、誰かが古典の21-Card Trickのことを口にしたり、やってみせようとしてきたときのために、レパートリーに入れておくととても面白いでしょう。21-Card Trickは、手品をしない普通の方たちやアマチュア・マジシャンたちにもっとも人気のあるトリックのひとつなので、おそらくあなたもこんな状況に直面したことがある、ないし近いうちに遭遇することでしょう！こういうのは通常、観客の悪意から引き起こされるものではありません。しかしあなたがプロとしてクロースアップ・マジックを演じている間というのは、デックを掴んで、この何度も配る手続きがあり、質問を繰り返し、カードをまとめ直し、そして往々にしてクライマックスも地味、という、どっちかというと長くて退屈な手品をするには明らかによろしくないタイミングです。

　このような人たちの振る舞いは往々にして、余所者に場の関心をさらわれるのが我慢ならないタイプの人々にありがちだということを、私たちは認めなくてはいけません。関心をさらってしまうことは、もちろんマジシャンの第一目的ではないのですが。だからこそ、あなたのレパートリーに、そういう観客の知っているのとベースが似ているトリックを入れておくのです。それにより、学んだ通り

The Ultimate 21-Card Trick

にトリックを追いかけ分析してくるような、もっとも鋭い洞察力を持つタイプの観客も含めて、彼らの興味を掻き立てることができるのです。彼にとっては残念なことですが、手順はすぐに自分の知っているのとは違った感じに進んでいってしまい、演者がどんな方法を使っているのか分からなくなってしまうでしょう。そして他の観客が、間違いなくそのことを口に出してしまいます！そうしたらあなたはプロらしく礼儀正しく応答しましょう。これによって、観客に演技をさせながらも、場のコントロールを保つことができます。挑戦的な意図など全くない、純粋にそのお客さんを楽しませるために来た、プロのパフォーマーとしてのステータスにふさわしいかたちで似通った現象を演じることで、そのコントロールは可能となるのです。

チャプター 3

Miracles with a Stacked Deck

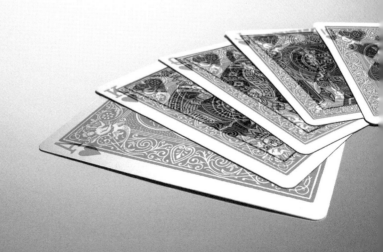

The Gravity Shuffle

　本章ではマークト・デックとスタックト・デックとを組み合わせたトリックを扱いますが、その前に、デックの並びがまったく変わらない私のフォールス・シャッフルのテクニックをご紹介します。観客の目の前でシャッフルすることで、デックがなにか特定の順番になっていたのではないかという彼らの想像を完全に打ち砕きたいとお考えなら、これはとても有用なテクニックになるでしょう。

　このテクニックは、フォールス・カットとフォールス・シャッフルの組み合わせです。マジシャンは普通、カットしてシャッフルしたという幻を作り上げるのに、それぞれ異なったテクニックを使います。ですがこの "Gravity Shuffle" では、連続した2フェイズから成るテクニックを1つ使うだけで良く、それぞれが補完しあうことで、デック全体の並びをまったく崩さないのです。それでいながら観客は、演者は何度かカットをして、普通にシャッフルした、という印象を抱くのです。

　この "Gravity Shuffle" は、演じるのに重力が必要です。私はこのテクニックを偶然発見したのです――飛行機の中で！

What You Need
　スタックしたレギュラー・デックを1つ（スタックは開けたての並びや、メモライズド・デック、サイ・ステビンス・スタックなど）。

Phase 1 – The cut：
　デックを裏向きで、左手ディーリング・ポジションで持ちます。右手を上からデックにかけ（ビドル・グリップ）、右手人差し指を使ってスイング・カットを始めます。写真1にあるように、デックの約3分の1程度をカットする必要があります。そのカットしたかたまりを、左手の親指と人差し指の間に挟み、それから左手を少しだけ

Transparency

右手から離すように動かしてください (写真2)。

写真1

写真2

　左手親指の力を緩めます。そうすると、持っていたパケットが落ちて、左手ディーリング・ポジションの位置に収まるでしょう。続けて、もう一度同じように、右手で持っているパケットの大体半分を右手人差し指でスイング・カットします（デック全体からみれば同じく3分の1の量ですね）。写真3をご覧ください。その間に、左手人差し指を曲げ、いま左手に持っているパケットの下に差し入れます。そうしたら左手人差し指と中指とでパケットを挟んでつまみ、本が開くように右側にひっくり返します (写真4)。

写真3

写真4

　右手に持っているほうの下半分を左手のひらに置きますが、この際そのかたまりを少しだけ演者のほうに動かしておきます (写真5)。そうしたらいま左手の2本の指で保持しているパケットを左方向へ裏向きにひっくり返しますが、このとき先ほど置いたパケットから少し (1.2cm程度) アウトジョグする状態で置くことに注意してください (写真6)。

写真5　　　　　　　　　　写真6

　左手を少しだけ前方に傾け、そのパケットの上に、右手で持っているパケットを手前から奥に向かって軽くほうります。これは"ナチュラル・ジョグ・コントロール"を行うためです。この技法はポール・ル・ポールのもので、彼の著作『The Card Magic of Paul Le Paul』[訳注]に記載があります。

　乱雑な印象を与えたいので、カードはきちんとは揃えないようにします。また、3つのパケットのうち真ん中のものについては、少しだけアウトジョグした状態を保つことを忘れないようにしてください。

注：真ん中のパケットがちょっとアウトジョグしすぎているな、と思ったら、中に少し押し込んでも構いません。ただ、最低でも5〜6mmくらいの段差は確保しておくようにご注意ください。

チェック・ポイント：いまデックは以下のようになっています。
- パート2（元々の真ん中）がトップ
- パート1（元々の上部）は真ん中で少しだけアウトジョグされている
- パート3（元々の下部）はボトムにあり、パート2と揃っている

　この技法のフェイズ2では、パート2の部分をパート1と3の間に差し入れ、デックの並びを開始時と同じ状態へと戻します。

訳注　この本の日本語訳版、P. ルポール・著，高木重朗・訳『ルポールのカードマジック』（東京堂出版，1991）, pp. 64-66 に、"A Natural Jog-Control"の題で記載があります。

Transparency

Phase 2 – The shuffle：

　左手首を返し、カードの左側面が自分に向くようにします。上3分の1を右手で取ります（写真7）。このとき、右手の小指はパケットの下で構えていることに注意してください。そうしたら両手を上げ、上側3分の1を保持している左手の力を緩めます。こうすると、地球の重力のおかげでパケットが右手の指の間を滑り落ち、小指のところで止まります（写真8）。

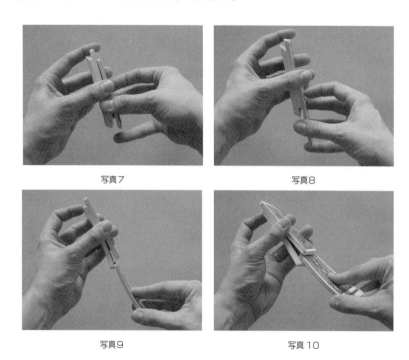

写真7　　　　　　　　　　写真8

写真9　　　　　　　　　　写真10

注：滑り落ちてきたあと、右手のパケットは完全に揃います。そうしたら、ライジング・カードのトリックのときと同じように保持してください。

　上パケットの上端が、真ん中パケットの下端を通り過ぎて下パケットに接触したら、右手人差し指で力を加え、右手パケットで左手ブロックのインジョグ部分を押し下げますが、これにより左手に持った2つのパケットの間に隙間を作ります。写真9をご覧ください。右手人差し指で、持っているパケットのトップ・カードを、たったいま作った隙間へと動かします（写真10）。これは、残りのパケットを差し込むためのガイドになります。そうしたら、左手親指をいま持っているパケットの

The Gravity Shuffle

上に渡し（写真11のように）、真ん中部分を右手親指でデックへと押し込みます。これをやる際、何枚かのカードが前端から押し出されてくるように、左手親指でしっかりと圧をかけておいてください（写真12）。これらのカードを右手の指でデックに押し込みますが、ここでは完全に揃える前に少し左側へはみ出させておくと、シャッフルされたという錯覚を強めることができます（写真13）。

写真11

写真12

写真13

Notes

- "Gravity Shuffle" は、マルティプル・カットとシャッフルという2つのフェイズから成り立っています。それぞれがやったことを打ち消しあい、デックを同じ順序へと戻すものです。この2つは連続で行うでも構いませんし、もし望むのなら、観客に話しかけるために途中で一旦止めることもできます。その場合に必要なのは、数秒の間、3つのパケットを分けた状態で保つことだけです。

- 少し練習すれば、"Gravity Shuffle" は手元を見ないでも、もしくは最後に真ん中部分を押し込むときだけデックを軽く見るくらいでもできることがお分

Transparency

かりになると思います。これはこの技法に無頓着さを与えてくれ、その信憑性をより高めてくれます。

- かなり前に、フランスのマジシャン、アルマン・ポルセルが、自身で出版した『Apotecari Magic Magazine』の中でとあるフォールス・カットを発表しています。彼の手法は "Gravity Shuffle" の最初のフェイズに似たかたちで始まるものでした。

Mental Picture

Effect
　普通のデックをマジシャンがシャッフルします。マジシャンはデックを左手ディーリング・ポジションに持ち、左手親指で左のコーナーをリフルしながら、観客に、都合のいいときに「ストップ！」と言ってくれるよう頼みます。彼女がストップを掛けてくれたら、マジシャンはそこを見ずに、そこからデック2つに分け、上半分の一番下のカードを見せます（ここではクラブの5だったとします）。デックをまとめたら、観客にデックを箱にしまってくれるように言います。

　マジシャンはホワイト・ボードを取り上げ、観客には憶えたカードのイメージを思い浮かべてくれるように言います。テーブルの上にはマーカーが2本。1本は赤でもう1本は黒です。

　マジシャンは精神を集中し、黒のマーカーを取り上げ、ホワイト・ボードに何かを描き始めます。まずはクラブのマークを1つ、続けてもう1つ……と。最後に両隅にインデックスの数字を1つずつ。観客たちにも、マジシャンがどうやら1枚のカードを感じ取ったらしいことが見てとれます。そしてカードを選んだ観客もそれが正しいことをはっきりと認めます。そう、描かれたそれこそが確かにクラブの5なのです！

What You Need
　BW・マークト・デックを1つ。
　大きいホワイト・ボードを1つ。
　ホワイト・ボード用のマーカーを2本（赤黒を1本ずつ）。

Preparation
　デックからクラブとハートのカードをすべて抜き出しておきます。そうしたらデッ

Transparency

クを以下の順番に並べ替えてください。
- 1～13枚目 ：ハートのカードを、K, Q, J, ……, 3, 2, A
- 14～26枚目：クラブのカードを、K, Q, J, ……, 3, 2, A
- 27枚目以降 ：シャッフルしたダイヤとスペードのカード

ホワイト・ボードとマーカー2本はすぐ手の届くところに置いておきます。これで準備完了です！

Performance

これはシンプルかつ極めて直接的なトリックで、スタックト・デックの仕組みへと踏み出すのに適したものです。

デックを左手ディーリング・ポジションに持ち、表向きにひっくり返してさっと広げ、カードの表の面を見せます。この動作はデックの半分くらいまでで止めておいてください。ここをカジュアルに行うことで、見えているカードはダイヤとスペードとしかないという事実を隠すことができます。

カードをまとめて右手に移し、写真1のようにして持ってください。カードの表の側を外側に向けて（つまり、表の面が見えるように持ち）、手早くオーバーハンド・シャッフルを始めますが、左手親指で引き取っていくカードは、全部で15～20枚で収まる程度までにとどめておきます。そうしたら、最後に取ったカードの上に、右手に残ったかたまりを全部載せます。

写真1

デックを少し調整しなおしてディーリング・ポジションで持ちます。これで、ハートとクラブのスタック部分は、デックのちょうど真ん中あたりに来ているでしょう。

Mental Picture

　観客には、これから演者はデックを親指で弾いていくので、都合のいいときに「ストップ！」と声に出して言ってほしい、ということを説明してください。

　ハートとクラブのスタックのところからカードをフォースしなければなりませんので、リフルはトップから始めるのではなく、上4分の1より下あたりから始めてください（写真2は観客から見たところですが、このような位置です）。

写真2

写真3

　親指で、ゆっくりと弾いていきますが、ほとんど1枚ずつのペースで行います。スタックはクラブとハートのカードで構成されていますので、カードの裏面のマークはレベル1か2に限定されます。これはつまり、マークが裏面の上半分にあることを意味します。これにより、リフルしていくカードが何であるか、観客に知られることなく、容易に判別できるのです。観客が「ストップ！」と言ったらすぐに、その場所に左手親指を差し入れてリフルを止め、そのカードの裏のマークをなにげなくピークしましょう。

注：この段階で、あなたの指の位置は写真2とだいたい同じですが、左手親指は少しだけ下にあります。

　デックから目を背け、右手をデックの上からかけます。デックをほんのわずかにうしろへと持ち上げ、観客側のエッジを蝶番が開くように上げ、上半分の一番下のカードを見せます。このときそのパケットはほぼ垂直になっています（写真3）。

　観客に見えているカードを憶えてくれるように言い、憶えてもらったことを確認したら、すぐに持ち上げたパケットを元通りに戻します。この間に、選ばれたカードが何かを特定できます。これはとても簡単でしょう。観客のカードは、い

Transparency

ま演者が見たマークの1つ上のカードです！例えば、もしあなたが見たマークがクラブの4だったら、観客のカードはクラブの5で決まりです。もしハートの8だったなら、それは観客のカードはハートの9だ、と告げているのです。見たマークがクラブのキングだった場合、観客の選んだカードはハートのエースです。このように、マークによって特定したカードは、続くカード——つまり選ばれたカードですが——それが何かを教えてくれるわけです！

目はまだ逸らしたままデックを観客に渡し、デックを箱にしまってテーブルに置くように頼みます。観客へと向き直り、これからあなたの心を読んでみたいと思います、と言いましょう。観客には選んだカードを思い浮かべてほしいこと、それも大きな劇場スクリーンに映し出すようなイメージで、とお願いしたら、演者はホワイト・ボードを手に取ります。

観客を見て、それから視線を2本のマーカーに向けます。間違ったほうのマーカー（もし選ばれたカードが黒なら、赤いほうのマーカー）を手に取ろうとしているようなふりをして、ためらい、それから正しいほう（このケースなら黒いマーカー）を手に取ってください。観客の集中力を褒め称えながらキャップを外し、そして示しましょう。まずはピップを1つ描くことから始めます。ホワイト・ボードを観客に見せ、そのまま集中していてくれるように言います。実際の数より1つ少ない分だけピップを描き、それから突如閃いたかのようにもう1つのピップを足しましょう。最後にインデックスを2箇所に描き加え、それが正しいことを観客に確かめます。

Psy-Show

マークト・カード使いについてまわる職業上の危険のひとつ、それは、観客にマークを見抜かれてしまうことです。見抜かれてしまう理由はおそらく、演者がカードの裏面に対して異様な関心を向けているように見えたからでしょう。ですがこのトリックは、マークを見抜かれることに繋がる演者の凝視を避けるように構成してあります。選ばせるプロセスの最中、演者は目を背けていますし、デックは演者が振り向くよりも前に箱の中にしまわれます。こんな状況で、どうマークト・デックを使うというのでしょうか。演者の立ち居振る舞いや動作は、完全なフェアさを示唆していますし、これは観客の頭からも"トリック"・デックの使用可能性を除外するように働くでしょう。

リフルして選ばせるところの目的は、スタックした26枚の中の1枚をフォース

Mental Picture

することです。デックの上4分の1を過ぎたところからリフルを始めることで、観客がスタック範囲内でストップを掛けてくれる可能性は高まります。しかしながら、観客はリフルの終わりあたりまでストップを掛けるのを待つという選択をする場合があり、その際にはスタック部分を通り過ぎてしまうこともあり得ます。こんなピンチに立たされたときに助けとなるであろう方法をいくつかご紹介します。

　スタック部分に入ったと分かったら、目に見えてリフルのスピードを遅くします。こうすることで観客に、カードがなくなってしまう前に早くストップを掛けてください、と仄めかすのです。観客を静かに、しかし微笑まずに見つめます。もしストップが遅すぎたら、演者からそれとなく嫌味を言われるのはもちろん、自分以外の観客からも非難の目にさらされるということにその観客も気付いてくれるでしょう。唐突に真面目な表情になることで、その観客を協調路線に戻すことができるはずです。そしてストップをかけてくれたら、また微笑んであげてくださいね。

　もう1つの効果的な手段はユーモアです。リフルを始めるとき、こう言います。「ここで止めたいと思ったときにそう仰ってくださいね」　そしてリフルがスタックの終わりにさしかかろうとするあたりで「……って、今日中でお願いしますよ！？」このような昔ながらの（そしてとても効果的な）冗談を言うことで、観客を元の協調路線に戻すことができるでしょう。

　観客がリフルの終わりのほうでストップをかけたいと頑なに思っている場合、スタックの箇所を通り過ぎるまではこれまでに解説したように行い、そこからは最後まで一気にリフルしてしまうのもひとつの手です。彼らのストップは時機を逸してしまうでしょう。そして観客たちには、「もう一度弾いていきますが、今回はもう少しだけお早めにストップをお願いしますね」と言うわけです。

　しかしそれでもまだ、観客にリフルのうしろのほうでストップをかけそうな気配があるかもしれません。そのときはシンプルにデックをカットして、スタックをデックのボトムのほうに移してしまいましょう。さらに、リフルもデックの真ん中あたりから始めれば、間違いなく良い結果が保証されますね。

Runaway

Effect

　マジシャンはデックをシャッフルしてテーブルに置き、演技の場（ステージ）から距離を取ります。マジシャンは観客の1人に、デックを持って1枚ずつ裏向きでテーブルに配っていき、1つの山を作ってほしいこと、そして、ここだと感じたところで止めてくれるように言います。観客には手元に残った自分で止めたところのカードを見てもらい（ここではスペードの3だったとします）、そのまま山に重ねさせます。残りのデックもその上に重ねさせましょう。

　マジシャンは再び場に戻り、デックを取り上げます。デックを手に持ってリフルしながら、観客に対して、ピンときたところで「ストップ」と言ってくれるように頼みましょう。デックを見ずにマジシャンは言われたところで持ち上げ、上下を入れ替えるカットを行います。そうしたらすぐに、預かっておいてくださいと言って観客にデックを渡します。マジシャンは視線を背けたままです。

　観客に向き直り、マジシャンには観客のカードのことは分からないと述べます。それがどこにあるかも、何であるのかも！しかし、マジシャンは実は第六感を持っていることを明かします。これにより、カードがデックのどの位置にあるのかを、カードを操作した観客に意識を集中させるだけで知ることができるというのです。

　少しの間、観客を真剣な眼差しでじっと見つめ、マジシャンはこういいます。「37！」マジシャンの言ったことが正しいのかを観客が確かめようとしたときに、マジシャンは「待って！」と叫んで、カードがデックから抜け出そうとして上がってきているから、もっとしっかりデックを握ってほしい、と言います。少し間をおいて、カードは16枚目で落ち着いた、と言い、観客にそうなっているかを確かめてほしいとお願いします。16番目のカードは本当にスペードの3なのです！

Runaway

What You Need
BW・マークト・デックを1つ。

Preparation
ここでのスタックは、"Mental Picture"で使ったのとほとんど同じものです。本作では、カードの規則的な並びを、スタックのすぐ下に差し込まれたカードの正確な位置を知るために使っています。

デックを裏向きで、以下の順序にセットしてください。
- 1〜13枚目　：ハートのカードを、K, Q, J, ……, 3, 2, A
- 14〜25枚目：クラブのカードを、K, Q, J, ……, 3, 2
- 26〜51枚目：シャッフルしたスペードとダイヤのカード

クラブのエースは使いませんので、このトリックの最中はどけておいてください。

Performance
注：本作は、"The Lazy Man's Card Trick"という素晴らしい手順を元にしています。この手順のコンセプトはジャック・マクミランのもので、ドク・ミラーによる元々のアイディアは、ルフス・スティーレの本『*50 Tricks You Can Do, You Will Do, Easy to Do*』(1946)に載っている"That Number Down"の中で解説されています。フランス語でも"Un tour pour paresseux"のタイトルで、リチャード・ヴォルマーの『*Petite Anthologie des Tours de Cards Automatiques - Tome 2*』, (Éditions techniques du spectacle)に記述があります。テッド・レズリーもこの手順のバリエーションを"Le compte est bon!"というタイトルでフランス語の『*Le Jeu marqué de Ted Lesley*』(Éditions techniques du spectacle)に発表しています。

"Mental Picture"と同じ流れで始めましょう。

— デックを左手ディーリング・ポジションに持ち、表向きにひっくり返してさっと広げ、カードの表の面を見せます。混ざったスペードとダイヤのところだけ、さらっと見せましょう。

— カードをまとめて右手に移し、写真1のようにして持ってください。カードの表の側を外側に向けて（つまり、表の面が観客に見えるように持ち）、手早いオーバーハンド・シャッフルを始めますが、左手親指で引き取っていくカー

Transparency

ドは、全部で15〜20枚程度にとどめておきます。

写真1

デックの真ん中に近づいたら、クラブの2が出てくるまでは1枚ずつランして取っていきます。クラブの2が出てきたら、右手に残ったかたまりを、左手に取り終わっているカードの上に載せます。

デックを裏向きで観客に手渡し、演者は観客に背を向けます。観客に、カードを裏向きのまま1枚ずつ配っていって、山を1つ作ってくれるように頼みます。配っているときにはできるだけ音を立てないように──カードがテーブルと接触する音が演者に聞こえないように──そして、ここだと思ったところで配るのを止めてほしいと言います。配るのを止めました、と観客から合図をもらったら、観客には手元に残った一番上のカードを見て、憶えて、山の1番上に載せてもらいます。そうしたら観客に、左手の上の残りのカードをテーブルの山の上に載せて、デックをひとまとめにしてもらいましょう。

注：観客は26枚まで配ることができますので、余裕は十分にあります。通常配られる枚数は10〜15枚の範囲でしょう。

観客にデックを揃えるように頼み、終わったらそちらを向くので教えてほしいと言いましょう。向き直ったらデックを取り上げ、左手ディーリング・ポジションで持ちます。そうしたら、これから、そこでカットすること、観客が「ストップ」と言ってくれるところまでデックを弾いていくことを説明します。

スタックはトップから10〜15枚から始まりますので、リフルするときはデックのトップ4分の1を過ぎた場所から始めます（写真2）。ピークのシークェンス

(マークを確認するところ) は、手続きとしては "Mental Picture" と似ていますが、その目的は全く異なるものです。以下がやらなくてはいけないことです。

写真2

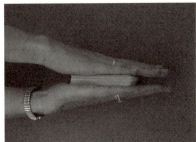
写真3

— 左手親指でゆっくりと、ほとんど1枚ずつリフルしていくところでは、デックからは目を背けておきます (ですが、体は観客のほうを向いたままで)。
— 観客が「ストップ！」と言ったら、リフルを中断し、顔を一瞬観客に向けてください。観客に、本当に"ここで"いいか、と聞きます。この、"ここで"と言うところで直接デックを見るようにタイミングを合わせてください。分け目のところのカードをピークし、マークを読み取りましょう。そのカードはクラブかハートのはずです。
— 分け目のところからデックを分けつつ目を背け、手の中でカットを完了します。
— 目を背けたままデックを観客に渡し、両の手のひらの間に、写真3のように持ってくれるように頼みます。

観客へ向き直り、選ばれたカードについては何も分からないということに言及します。続けて、しかしそのカードに最後に触った人を見れば、デックの中のカードの位置を"感じる"ことができる、そんな摩訶不思議な能力を持っているのだと説明しましょう。この奇妙で尋常ではない才能について話している間に、先ほど読み取ったカードのマークを思い出しましょう。これにより、選ばれたカードの位置を計算することができます。

— 読み取ったのがクラブであったなら、そのカードの数字がそのまま位置を示します。クラブの9だったのなら9枚目のカードですし、ジャックなら11枚目、クイーンなら12枚目、キングなら13枚目ですね。

123

Transparency

— 読み取ったのがハートであったなら、そのカードの数字に13を加えます。ハートの3の場合は3に13を足しますから、これが指し示すのは16枚目です。同様に、ハートの10の場合は23枚目という位置を示すのです。

観客の目をじっと覗き込み、実際よりも大きな数を言いましょう。ここでは「37」のように。

観客の熱き心は、演者の言葉が正しいかを確認しようとするでしょう。カードを持つ観客の手が緩んだら、突然観客にデックはきつく持っていてほしいことを言います。なぜなら観客のカードは活きが良くて、密かにデックの中を上がって抜け出そうとしていますからね！デックの縁をじっと見て、そしてあなたが導き出した枚数目のところで"落ち着いた"ことを皆に言いましょう。

それが正しいことを確かめるため、観客にお願いしてその位置まで1枚ずつカードを配っていってもらいます。観客のカードはそこから出てくるでしょう！

Note

"Mental Picture"のPsy-Showパートで論じた心理的な要素は、本作においてももちろん同様のことが言えるでしょう。

Psy-Show

似たような手順は他にも発表されていますが、本作には以下の優れた点があります：
- デックは常に裏向きで扱われること
- スタックが出てくるまで、デックを表向きでカットし続けなくて良いこと（他の手順はおよそ10枚のセット・アップなので、この制限がついて回る）
- 選ばれたカードの位置を10枚目までなどの狭い範囲ではなく、2〜26枚目の範囲にできること

以下について考えてみてください：
- デックを表向きにひっくり返すのはイロジカルなことです。なぜなら、カードの表の面が見えることは、演者になにがしかの情報がインプットされている可能性がある、と観客の目には映りますから。裏向きのデックのほうがよりロジカルなのです。

- 連続したカットは、こういったルーティーンのリズムに影響を与えてしまいます。

Runaway

なにより、カットを6回7回8回とやるよりもシャッフルのほうが効果的ですし、……観客だってまさにそのとおりだと言うでしょう！本作 "Runaway" では、カットは1回だけです。

- 私のバージョンでは、カードの位置は10やそれ以下ではなく、いつも相対的に大きな数字になります。たとえば19とかですが、これだけ配っていくと、カードはもうどの位置でもあり得るように思われるのです。これは "Runaway" のとても強力な特徴で、さらに演技の中で、37枚目にあるとまず意図的にミス・コールし、それから「デックをきつく持って。選んだカードが抜け出してしまうから」という演者からの唐突なお願いをすることで、カードはデックのどの位置でもあり得た、ということを強めてくれるのです。

ハリウッドは、真に才能ある者たちをいかに賞賛するか分かってらっしゃる……

125

The Missing Link

Effect
　マジシャンはデックを取り出して全部ばらばらのカードであることを示し（それ以外に何があるのでしょうか？）、それはもう無茶苦茶にシャッフルしてしまいます。デックを2つに分け、片方を近くの観客の1人に、残りをテーブルに置き、マジシャンはテーブルから数歩離れたところに退がります。マジシャンのリクエストに従って、観客は自分の持っているカードの中から1枚選び、ポケットにしまいます。

　そうしたら観客にデックを1つにまとめてもらい、ようやくマジシャンはデックに近付きます。デックを取り上げたら、裏向きのまま猛スピードで数える演技をし（ちゃんと51枚あるかどうかを確認する体で）、終わったらデックを箱にしまいます。マジシャンは別の色の新しいデックを取り出してきます。観客には、それをテーブルの上で手当たり次第に混ぜてもらいます。サラダを混ぜ合わせるみたいに。

　マジシャンは観客から指輪を1つ借り、用意しておいた靴紐を通して即興の振り子を作り、カードの上でゆらゆらと振ります。この振り子を使うことで、カードを"感じ"て選り分けていくことができ、違うカードを取り除いていきながら、可能性のある範囲を狭めていくのです。

　やがて、振り子はある特定のカードのところで強い反応を示します——そのカードは脇によけておきます。マジシャンは観客に、最初にポケットに入れたカードを取り出してくれるように言い、それといま脇によけたカードを、同時に表向きにします。2枚は一致するのです！

What You Need
　BW・マークト・デックを2つ。赤と青、のような対照的な色のものを。
　靴紐を1本。

Preparation

数値を基準にしたスタックというコンセプトはここでもまた使われますが、その使い方については、今回も全く違ったものになります。

赤いほうのデックから始めましょう。クラブのカード13枚を抜き出して、裏向きデックのトップから以下のようにセットしてください。
- 16枚のXカード
- クラブのA, 3, 5, 7, 9, J, K
- 19枚のXカード
- クラブの2, 4, 6, 8, 10, Q
- 4枚のXカード

このデックを箱にしまって準備完了です。

青いほうのデックには何も準備は要りません。しかしながら、私はこれを新品のデックの並びにしておくのが好きです。つまり、スートごとに分かれていてそれぞれ数字の順序通りになっている状態です。こうすることで、カードはここにすべて揃っている、ということを、演技の前に示すことができますからね。

靴紐は取り出しやすいポケットに入れておいてください。

Performance

注：この手法ではファロー・シャッフルを行うことが必要です。ファロー・シャッフルは多大な練習を要するテクニックであり、これだけをテーマにした本が何冊もあるくらいですが、その仕組み（数理）については本書では扱いません。しかし裏切られたとお思いにならないでください。ファロー・シャッフルを使わない代替ハンドリングも、ここのNotes部で説明します。

赤いほうのデックを箱から取り出し、さっと表向きで見せて普通のカードであることを見せます。デックを26枚ずつになるようにカットしてアウト・ファロー、つまり元々のトップとボトムそれぞれの位置が変わらないかたちでのファローをパーフェクト（完全に1枚ごと）で噛み合わせます（写真1）。そうしたらブリッ

写真1

Transparency

ジ・プレイヤーのやるようなウォーターフォール・フラリッシュをしてください。

デックはずっと見えていましたし、シャッフルも本当にしていました。ですが、いま裏向きのデックは、トップからボトムに向かって以下のような状態になっています。
- 32枚のXカード
- クラブの13枚（昇順）
- 7枚のXカード

カードを揃え、デックを再度2つに分けます。今回は26枚ずつの完璧なカットである必要はありませんが、同じくらいの枚数にしてください。下半分（クラブを含むほう）を観客に渡し、それ以外のほうをテーブルに裏向きで置きます。

観客から離れて、カードの裏側を読むこともできないところまで行ったら、カードを持ってくれている観客に以下のように言います。
1. 「お持ちのカードを裏向きのまま広げて、真ん中から1枚抜き出してください」
2. 「そのカードをそのまま裏向きでテーブルに置いてください」
3. 「お持ちのカードを揃えて、それはテーブルにあるもう半分の上に載せてください」
4. 「選んだカードを見て、それを皆さんにも見せてあげたら、ご自分のポケットにしまってしまってください」

選択は裏向きで、そして真ん中から抜かれるというのが重要です。言い換えると、密かにスタックしたクラブのエリアから抜かれなくてはなりません。

向き直り、観客のところまで戻ります。デックを取り上げたら、すぐに困った感じを醸しだします。そこから、観客は本当にカードを1枚だけ抜いたのかよく分からない、なんだかデックが"軽い"気がする、と怪しむかのように振舞いましょう。観客に、本当に1枚だけ抜き出したかを聞いてください。なんだかデックが"軽い"気がするんですけど、と。これは普通の人にはとても馬鹿げたコメントだと受け取られることでしょう。そしてそのコメントに続けて、デックが正しい枚数かどうかを、ありえない速さで数えます。この2つのアクションはジョークとして演じられますが、実は演者はここで、観客のカードが何であるかという情報を密かに獲得するのです。

The Missing Link

　裏向きのデックを取り上げて、左から右へと広げていきますが、最初の5枚については声として認識できるように数えていき、残りについては唇を動かすだけにします。カードの裏面を見ていきますが、クラブが始まる箇所に注意を払います。エースから始まるでしょう。より深く注意を払って、欠けているクラブのカードが何かを特定してください（スプレッドのスピードは保ちつつ、です）。特定でき次第、左手に残っているカードを全部右手に押し込みながら、「49、50、51、OK、ちゃんと全部ありますね、すみません！」と、大きな声で言いましょう。ウンウン、と元気よく頷きながらカードを箱にしまい……笑いを取りましょう。

　青いほうのデックを取り出します。大きめの指輪をしている観客にそれを手渡してください。彼にはそれをよくシャッフルし、それからカットしてくれるようにお願いします。そうしたら、今度はそのデックを、テーブル上に可能な限り大きく広げてくれるように言いましょう。彼から指輪を借り、靴紐を取り出してそこに通します（写真2）。

写真2

　広がったカードの上に指輪を持ってきて、振り子のように揺らします。これから取り除いていくプロセスを経て、選ばれたものと同じカードの位置を特定しましょう。あなたは観客のポケットに入っているカードが何か、すでに分かっていますし、広がっているカードもマーク付きですから、思うよりもスピーディーにできます。

　ここでは、選ばれたカードはクラブの5だったとしましょう。指輪を使った即席振り子を適当なグループの上に持ってきて、マークがレベル1（クラブ）のカードがあるかを見ます。もしあったら、5かどうかを確認しましょう。違ったらそのグループは表にすることなく脇にどけてしまいます。これを繰り返し、カードをさらに広げていきます。カードの"波動"を感じ取れるように……それに、マー

Transparency

クが最大限露出するようにです。

やがてクラブの5の場所が特定できるでしょう。その上に来たときに、振り子をいままでとははっきり違うと分かるような揺れ方にします。そうしたらすぐに、他のカードのほとんどを取り除きにかかりましょう。クラブの5と、そのほか4枚の"候補"だけをテーブル上に残します。振り子を残っているカード5枚の上で動かして、真剣に集中し、3枚のカードを取り除きます。ほどよいためらいのあとで残りの"候補"1枚を取り除き、テーブルの真ん中にクラブの5だけを残しましょう。

観客に、ポケットに入れたカードを取り出して見せてくれるように頼みます。そしてテーブルのカードを表向きにひっくり返すと……一致しています！

Notes

ちょっとした提案：この手順が終わったら、指輪は借りたまま、ギャリー・オウレットの"The Homing Ring"のような、指輪と紐の手順に移るのです（同手順はCamirand Academy of Magicから出ています）。

皆が皆、ファロー・キチガイなわけではありませんよね。お約束通り、代替のセット方法をご紹介します。デックを裏向きで、以下のように並べれば良いのです。
- 32枚のXカード
- クラブのエースからキング（一番上がエース）
- 7枚のXカード

注：これは先ほどの解説で、アウト・ファローしたあとにできる並びと同じです。

Performance（ファロー・シャッフルなし）：

カードを両手の間で表向きに広げます。クラブのスタックのところは、あまり強調して広げないようにしてください。デックを裏向きに返し、本書の少し前に出てきた、グラヴィティ・シャッフルのようなフォールス・シャッフルをします。これでこの手順を全く同じかたちで進めることができるでしょう。

もし"51枚のカードがあるかを両手の間で数える"やり方がしっくり来なければ、以下のようなアプローチでの代用はいかがでしょう。
— 大きく、ゆっくりとスプレッドを広げる、という方法があります。これなら最初のマークのスキャンがカバーされますし、欠けているカードが何かも特

定することができるでしょう。さらにしっかりとチェックしたい場合であっても、そこでは高速でカードを数えるという演出を使い、カード全体をもう一度、より注意深く見ていくことができます。もちろん、実際には演者の注意はレベル１、つまりクラブのマークがあるところに集中しているのです。

— デックのコーナーをリフルしていく方法もあります。これはカードを正確に１枚ずつ弾いていく必要があり、熟達したサム・リフルが要求されます。メリットはテーブルが不要なことです。クラブはレベル１のところにマーキングされていますから、リフルすることで該当箇所をはっきりと見ることができるでしょう。デックを左手ディーリング・ポジションに持ち、カードを見ながら左手親指でゆっくりと、リフルしていきます。プレゼンテーションでは、最初の数枚は声に出してカウントしていきますが、クラブのスタック部を見るところではゆっくりと、もごもご呟きながらになるのです。ひとたび欠けているカードが何かを特定したら、デックからは目を背けてください。リフルのスピードを速めながら、デックを耳元へと持っていきます。そして「49, 50, 51……」と声に出しながらリフルを終え、笑いを取ります。そうしたらそのまま進めましょう。

Psy-Show

このトリックの魅力は、振り子を使うことでもたらされる、秘密めいたところにあります。これにより、プレゼンテーションにちょっとしたオカルトっぽさを付けることができるのです。振り子という小道具を使うことと、それが無意識とリンクしているんだということにさらっと触れることは、期待、そして謎めいた雰囲気を作り上げるのにとても役立ちます。

テッパンのギャグは戦略的に、実際に使っている手法を、すなわちマークト・デックの使用を隠蔽してくれます。それは観客を笑わせる目的で行われたように見えるので、カウントは些細かつ重要でないものになります——実際にはそれが手法の根幹であるにもかかわらず。ミスディレクション、そしてプレゼンテーションは組み込み済みなのです。

裏向きのカードを取り除いていくことで、段々とサスペンスが盛り上がります。観客は、演者がどこへ向かっているのかは分かっていますが、具体的な確信を得ることはできず、演者がカードから何かを感じ取っていくのにつれて彼らの興味の度合いも増していくのです。

Transparency

Deceptive Sandwich

Effect
　マジシャンはデックを見せ、すべてばらばらであることを示してから混ぜます。そうしたらデックを裏向きでテーブルに置き、観客に背を向けます。マジシャンは観客の1人にデックをカットしてほしいと言います。それが終わったらトップ4〜5枚の中から1枚カードを抜き出し、憶えたらデックのどこでも好きな場所に戻してほしい、と伝えます。

　マジシャンは観客に向き直り、選ばれたカードが何かを知るのは不可能であると説明します。そしてマジシャンは、観客を嘘発見テストにかけて、その情報を引き出してみようと言うのです。

　マジシャンはデックを左手で持ち、観客に2枚のジョーカーを渡して、デックにその2枚を途中まで差し込んでほしいとお願いします。そうしたら、マジシャンから観客に、カードに関するいくつかの質問をします。観客はこれに対して嘘をついても、本当のことを言っても構いません。マジシャンは必ず嘘を判別し、選ばれたカードが何かを"推測"、いやむしろ感じ取って特定してしまうのです！

　しかしこれで終わりではありません。観客がジョーカーをつまんでいる状態で、マジシャンはデックだけ手元に引き取りますが、その2枚のジョーカーの間にはカードが1枚挟まっているようです。そして……それが観客のカードなのです！

What You Need
　BW・マークト・デックを1つ。ジョーカー2枚も含んだもので。

Preparation
　裏向きのデックを、トップからボトムに向かって以下のようにセットしてください。

Deceptive Sandwich

- スペードとダイヤのカードから7枚のXカード（混ぜておく）
- クラブとハートのカードから13枚のXカード（混ぜておく）
- スペードとダイヤのカードから6枚のXカード（混ぜておく）
  なお、このグループの最後のカードが何かは憶えておいてください。トップから26枚目の目印になりますから。
- スペードとダイヤのカードから7枚のXカード（混ぜておく）
- クラブとハートのカードから13枚のXカード（混ぜておく）
- スペードとダイヤのカードから6枚のXカード（混ぜておく）

ジョーカー2枚はカードの箱の中に入れておきます。

Performance

観客を1人呼んでお手伝いをしてもらいます。テーブルにデックを表向きでスプレッドし、混ざった状態であることを言います。実際は違うのですが、ディスプレイのなにげなさと、途切れのない、けれど急がず落ち着いた台詞がそれをカバーしてくれます。この手のハッタリの多くと同様、なにげなさ、というのがカギです。

お手伝いの方がデックの状態にまだ不満を持っているのに気付いた演技をし、もうちょっとシャッフルしましょう、と言いましょう。デックを真ん中で分け（先に憶えた26枚目のカードのところです）、アウト・ファローを行います。終わったらデックを揃えてください。

デックを再びスプレッドし、シャッフルされた状態であることを"証明"します——実際には、デックは以下のようにスタックされています。
- デックのトップに、シャッフルされたスペードとダイヤが14枚
- そこに続けて、シャッフルされたクラブとハートが26枚
- そこに続けて、シャッフルされたスペードとダイヤが12枚

裏向きのデックをテーブルに置き、観客から顔を背けます。お手伝いの方に、中ほどから持ち上げて、カットしてくれるように頼んでください。台詞としては、ちょうど真ん中から分けてください、と言います。マジシャンはトップとボトム、両方のカードを知っているかもしれません。ですからちょうど真ん中で、同じ分量ずつくらいでカットされることで、当てるのが"難しくなる"というわけです。カットが終わったところで、この新しいトップ・カードを知ることは可能でしょうかと彼女に尋ねます。きっと「NO」が返ってくるでしょう。

Transparency

　そうしたらここで、観客にトップ・カードを取ってそれを見てもらいます。もしそのカードが気に入らない、ないし2枚のうちから選びたいということであれば、いまデックの一番上になった、新たなトップ・カードも取ってもらって構わない、と伝えます。もし彼女がそうすることを選んだら、手に取ったうちどちらか好きなほうを自分のカードとして持っておいてくれるように頼みましょう。残ったカードはデックのトップに戻してもらいます。

　いずれの場合でも、観客はいまその手に1枚のカードを持っています。彼女にはそれを見て憶え、周りにも見せて示し、それからデックの中ほどに差し込み、すべて揃えてもらいましょう。

　観客が演者の指示を注意深くたどってくれること、そして選んだカードをデックの中ほどに差し込んでもらうようにするのが重要です。もう一度、当てるのを難しくしたいのでデックの真ん中に入れてくださいね、と言いましょう。実際には完全に逆なのですが！観客はクラブかハートのカードを、スペードとダイヤが26枚混ざった部分に差し込んでいます。そこから観客のカードを特定するのは非常に簡単ですね。

　観客に向き直り、選んだカードについては、このデックの中にあるということ以外は何も分からないと強調します。両手の間で裏向きにカードを広げながら、これらの言葉を強調しましょう。

　このスプレッドの、26枚の "中心部（コア）" に注目してください。トップの12枚はかたまりとして扱います。デックを見ながら（再度、声に出して言っている内容をビジュアルで強調するようにみせかけて）、コアのカード群をスキャンします。この部分のカードはレベル3とレベル4のカード（スペードとダイヤ）ですが、1枚だけレベル1かレベル2のカードがあるはずです。マークはカードの上部にありますから、簡単に見つけることができるでしょう。つまり……あなたは選ばれたカードをきちんと特定することができるのです。それが選ばれたときには、うしろを向いていたにもかかわらず！

　これから、本書の前のほうで説明した "Peek Sandwich" に極めて似た流れを使って、選ばれたカードをサンドイッチします。ですがここでは、選ばれたカードはデックの真ん中あたりにあるということが分かっているので、状況はよりシンプルです。

Deceptive Sandwich

　観客に、箱から2枚のジョーカーを取り出してくれるように頼みます。観客を、これからそのカードを使った嘘発見器テストにかけることを説明しましょう。この理想的なミスディレクションの間に、ホフツィンザー・カル（本書の"The Ideal Effect"で説明しています）を用いて、選ばれたカードをスプレッドの下に引き込み、そのほかのカードはそのまま広げ続けます。選ばれたカードはいまスプレッドの下で、写真1のような状態です。

写真1

　観客に、ジョーカーを1枚、表向きでデックに差し入れてもらいます。カードが入り始めたら"分かりやすくするために"その位置でデックを分けます。ジョーカーは左手パケットの一番上にあり、左手親指で保持されています。右手はスプレッドをそのまま保持してください。1枚目のジョーカーは以下の写真のように、左手親指で保持していなければならないことに注意します（写真2）。

写真2

　ここで、左手でジョーカーを右手に"渡し"ます。ジョーカーはスプレッドのカード群と、スプレッド下にある選ばれたカードとで挟むようにしてください。左手

135

Transparency

を観客のほうに伸ばして、次のジョーカーを受け取ります。先ほどと同じく、アウトジョグした状態にします。(写真3)。

写真3

デックをまとめ、右手のパケットを左手に重ねますが、ジョーカーはアウトジョグしたままにしておきます。それからデックをきちんと揃えますが、そのときも2枚のジョーカーはアウトジョグしたままです。

デックをディーリング・ポジションで持ったまま、左手を観客に向かって伸ばします。観客には、この2枚のジョーカーを、左手（心臓の側ですね）の親指と人差し指とでしっかりつまんでもらうように頼みます。

デックに対する——ひいては演者に対する——物理的な接触は一定を保つように、と説明します。目を閉じて質問のプロセスに入りますが、観客は嘘をついても本当のことを言っても、どちらでも構わないということを明言しておきましょう。カードは赤でしたか？ハートですか？小さめの数字ですか？などなど。あなたはすでにカードが何かを知っていますので、観客の回答が本当かどうかを見極めるのは、そう骨の折れることでもないでしょう。カードを特定の1枚にまで絞れたら、カードが何かを言い、観客に正しいかどうか確認してもらいましょう。

そうしたらデックを緩く水平に持ち、伸ばしていた手を自身のほうへと引いてください。選ばれたカードがジョーカーに挟まれた状態で、観客の指先に残るでしょう。観客の注目を、この挟まれたカードへと集めます。彼女に、そのカードの正体を確かめてもらってください……そして拍手を受けましょう！

Psy-Show

　繰り返しになります、これもプレゼンテーションがすべてです。サンドイッチ<small>はさまれること</small>はここでは現象ではありません。この手順では、嘘を見分けること、そしてあなたとお手伝い役の観客とのやりとりに焦点を定めるのがいいでしょう。プレゼンテーションのアプローチは大きく２つあります。

　ひとつはまじめな、"臨床試験"アプローチ……

　もうひとつは、観客の返答に対して、マジシャンが面白おかしく眉を動かしたり、首を傾げたり、片目だけあけたり、誘惑するみたいに観客の目を覗き込んだりと、"疑いを見せること"をベースにしたアプローチ。彼女が嘘を言う度にデックがもぞもぞ動くとかですね。

　後者のアプローチのほうが間違いなく観客に楽しんでもらえますし、あなたへの評判も高まるでしょう。楽しいですよ！

Double Personality

Effect
　マジシャンは赤いデックを出してきてシャッフル、そしてカットします。うしろを向いてから、観客の1人にデックをカットさせ、一番上にあるカードを見てくれるように言います。そうしたら観客はそれを他の皆に見せ、裏向きデックの中に表向きで差し入れます。観客はデックを揃え、自身の手で持ちます。

　2つ目のデックが出てきます……が、このデックはずっとテーブル上に置いてあったものです。マジシャンはそのデックを手に取り、これからマジシャンのやることを正確に真似てほしいことを観客に言います。マジシャンがデックをファンにすると、1枚の表向きのカードが見えます……観客も同じようにします。それが一致するのです！マジシャンは今回もやってのけました！

　このトリックは繰り返し演じることができます。そのまま同じデックで、一切余計な準備なしで、結果のカードは違っていて……しかし常に一致するのです。

What You Need
　BW・マークト・デックを1つ。
　インビジブル・デックを1つ。これは、ウルトラ・メンタル・デックという名前でも知られています（1936年にジョー・バーグによって作られたもので、1983年に出版された彼の本『The Berg Book』に解説されています。そこには、ベースとなったアイディアはエドワード・バグショーのもので、1922年までさかのぼるものだ、という記述があります）。この特別なデックを使うことで、演者は表向きのデックの中に、たった1枚だけ裏向きのカードがある、というのを見せることができます。このデックは、カードの裏面にはすべて粗面剤（ラフ・コート）を塗布し、そのようなカードを数理的なルールとスートの組み合わせルールとに従い、裏面同士を合わせたかたちで組んだものです。これは本当に凄い古典トリッ

クで、ブレインウェーブ・デックのように、相手が選んだカードに応じてデックの裏面の色が変わってくるということもないため、何度でも繰り返すことができるのです。インビジブル・デックないしウルトラ・メンタル・デックは、お好きなマジック・ショップで手に入れることができます。

　この手順のBonus部では、どのようにあなたのインビジブル・デックの使い勝手を改善できるかと、素早くセットする方法についてもご説明します。

Preparation

- インビジブル・デックを箱に入れておきます。Bonus部で説明するように、このとき、クラブの5と6がそれぞれ見えるようにしておいてください。
- BW・マークト・デックは、次ページの表の通りにセットします。裏向きデックのトップからボトムへの順です。マニアの方なら、これがサイ・ステビンス・スタックの逆順であることに気付くでしょう。
- 注：サイ・ステビンス・スタックは、1896年、サイ・ステビンスの名で知られる、ウィリアム・ヘンリー・コッフリンによって初めて記されました。ホラショ・グラッソによる元々のアイディアは、1593年に出版された『Giochi di Carte』で発表されたものです。

　この並べ方とマークのおかげで、カットされた場所のカードが何かは、そのカード自体の表や裏、また他のカードの表を見なくても分かるのです！憶えておかなければいけないのは以下の2つだけです。
　　— 見た数値に3を加える
　　— クラブ→ハート→スペード→ダイヤの順（便利なCHaSeDという憶え方で簡単に思い出せますね）

　デックを手早くスタックするには、まずカードを表向きでスートごとにまとめて、それぞれエースを一番上に、以下数字の順に並べた山を4つ作るといいでしょう。4つの山は左から右へ、ダイヤ、スペード、ハート、クラブの順にします。

　そうしたら、ダイヤの山をジャックが一番上になるようにカットします。同様に、スペードは8が、ハートは5が、クラブは2が一番上になるようにそれぞれカットします。それからダイヤのジャックから始め、その上にスペードの8、ハートの5、クラブの2、ダイヤのクイーン……というように1枚ずつ手に取って重ねていきましょう。最終的に、一番上にはクラブのエースが見えているはずです。

Transparency

#	カード	#	カード	#	カード	#	カード
1	ダイヤのジャック	14	スペードのジャック	27	ハートのジャック	40	クラブのジャック
2	スペードの8	15	ハートの8	28	クラブの8	41	ダイヤの8
3	ハートの5	16	クラブの5	29	ダイヤの5	42	スペードの5
4	クラブの2	17	ダイヤの2	30	スペードの2	43	ハートの2
5	ダイヤのクイーン	18	スペードのクイーン	31	ハートのクイーン	44	クラブのクイーン
6	スペードの9	19	ハートの9	32	クラブの9	45	ダイヤの9
7	ハートの6	20	クラブの6	33	ダイヤの6	46	スペードの6
8	クラブの3	21	ダイヤの3	34	スペードの3	47	ハートの3
9	ダイヤのキング	22	スペードのキング	35	ハートのキング	48	クラブのキング
10	スペードの10	23	ハートの10	36	クラブの10	49	ダイヤの10
11	ハートの7	24	クラブの7	37	ダイヤの7	50	スペードの7
12	クラブの4	25	ダイヤの4	38	スペードの4	51	ハートの4
13	ダイヤのエース	26	スペードのエース	39	ハートのエース	52	クラブのエース

少し練習してみましょうか。テーブルに裏向きで置いたデックをカットしてください。トップ・カードを取り上げ、裏のマークは見ないで脇によけてください。そうしたら、いまトップにあるカードのマークを読み取りましょう。例えば、それがハートの4だったとします。よけたカードが何か、特定してみましょう。

— その数値に3を加えます（4＋3＝7）
— スートを1つ進めます。ハートでしたから、CHaSeD順の次のスートはスペードです

このように、よけたカードはスペードの7だと分かるのです！スペードの7をデックの上に戻してカットします。これでまた、スタックは循環するループとしての完全性を取り戻しましたので、同じことを繰り返すことができます。

ジャック、クイーン、キングはそれぞれ、数字としては11, 12, 13と考えます。つまり3を加えると、12は15になります。足し算の結果が13を超える場合、カードの数字は13との差分になります。

14だった場合はエースになります。14－13＝1、つまりエースですね。15のときも同様にして2になります。15－13＝2ですから。16の場合は16－13＝3が導き出されますね。

数が1から13まで輪になっていて、それを順に数えていく、と考えれば分かりやすいと思います。CHaSeDのスート順序も同じように考えます。つまりダイヤの次はクラブになるわけですね。

原理に習熟したら演じる準備ができたということです。デックを箱にしまったら、さあ行きましょうか！

Performance

テーブル上に置かれた2つのデックを見せます。青いデックは予言が入っていると説明して脇によけておきます。赤いデックを箱から出し、両手の間でも、テーブルにスプレッドするでも構いませんので、さらっと見せてください。そうしたら好きなだけフォールス・シャッフルをし（例えばグラヴィティ・シャッフルのような）、何度かコンプリート・カットを行います。そうしたら観客の1人にお手伝いをお願いします。彼女にも好きなところでデックをコンプリート・カットしてもらいましょう。

これから何をしてもらいたいのかを、お手伝い役の観客に対して実際にやってみせます。こうしてリハーサルを行うことは、手順の成功のために大変重要です。演者が成功裏に演技を終えるには、彼女には言われたことを言われたとおりにやってもらわないといけませんから。説明は短く、シンプルにしましょう。デックを2つに分けてコンプリート・カットしたらトップ・カードを取り上げ、写真1のように真ん中に表向きで半分ほど差し込むように言います。そうしたら、観客が実際にやるときにはそのカードをデックの中まで押し込み、デックを揃えてもらいたい、ということを伝えましょう。こちらがやってほしいことについて、彼女が明確に理解したと思えたら、突き出たカードを抜き取り、裏向きにしてデックのトップに戻しましょう。デックをカットし、うしろを向きます。

写真1

Transparency

　演者がうしろを向いた状態で上記のプロセスをたどってもらいましょう。山を2つに分けてください、とお願いします。そうしたら、下側だったほうを重ね、一番上のカードを見て、それを表向きにして山の真ん中に差し込んでください、と順次指示していきます。各ステップのたびに止め、お手伝いの観客が「できました」と答えてくれるのを待ちましょう。これは先導というよりは管理です。けれど、あなたは皆を楽しませるためにここにいるのですから、鉄の手はヴェルヴェットの手袋に包んでおかねばなりません[訳注]。

　助手役の観客がすべきことを済ませたら、演者は観客のほうに向き直ります。カードについては一切見ないようにしたいと言いながらデックを揃えましょう。この機会に、デックのトップ・カードのマークをはっきりと見ることができます（写真2）。ルールに則って選ばれたカードを特定し（数値に3を加えて、CHaSeD順の次のスートのカードです）、これを憶えてください。

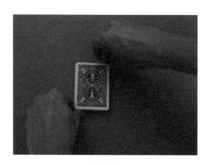

写真2

　演者はインビジブル・デックを（適切な面を上にして）箱から出し、左手ディーリング・ポジションで持ちます。観客には、デックを演者と同じように表向きで持ってくれるように言いましょう。彼女からすると、演者と鏡合わせで、その一挙手一投足を真似ていくイメージですね。助手役の観客が、やることを理解できたようなら、まずカードを両手の間で広げ始めます。

　そのまま続けていき、観客が演者のジェスチャーや立ち居振る舞い、動作を真似できているかを確認しましょう。ご自分がお使いのインビジブル・デックのルー

訳注　an iron hand in a velvet glove：外見は柔和で優しそうな雰囲気をまとっているが、実際の内面は冷酷・冷徹など、まったく逆の性質であることを表す慣用句。hand が fist（拳）になることも。日本語では「外柔内剛」や「笑裏蔵刀」、「外面如菩薩内面如夜叉」（『華厳経』）などに近いです。

ルに則って、選ばれたカードを見つけてください。そうしたらすぐに該当箇所（ラフ原理でくっついている2枚）のカードを分け、そのカードの裏面を露出させます。スプレッドを続けていき、その1枚がデックの中で唯一の裏向きカードであることを強調しましょう。助手役の観客に、2人とも同じ状態であることを指摘します。彼女に、彼女のデックの裏向きカードを表向きにひっくり返してくれるように言います……が、彼女はまだ"鏡合わせルール"に従わなければならないことを伝えましょう。つまりまだ演者と同時に、同じ動作をしなくてはならないということですね。見えない鏡は魔法みたいなものであるからして、この裏向きの2枚はきっと同じものであろうと述べます。しめくくりのために、観客と演者、双方息を揃えてそれぞれのカードを表向きに返しましょう。2枚のカードは見事一致しているのです！

Notes

— 2人が表向きのデックを広げていくところでは、裏向きのカードがほぼ同時に出てくるようにするのが望ましいでしょう。そういう状況を起こりやすくするには、まず該当するカードを早く特定し、そして観客をしっかりと見ておくことが一助になります。観客の両手の間に広がったカードの中にあるひっくり返った1枚については、大体の場合において、彼女よりあなたのほうが早く見つけることができるでしょう。演者側のひっくり返ったカードを出現させるタイミングを、相手のそれに合わせるのです。ただし、あなたは広げることのできるカードを彼女の半分の量しか持っていないことは心に留めておいてください。

— このトリックはほぼ自動的にリセット可能です。単にスタックト・デックとインビジブル・デック、それぞれでカードをあるべき位置に戻せば、演じる準備は完了です。テーブル・ホッパーの皆さん、ここ注目ですよ！

— ワン・タマリッツは自身の『*Best of Tamariz Seminar*』（もともとはVHS形式でJoker Deluxeから1996年に販売されました）内の"Faites comme Moi ("Do As I Do")"というトリックの中で、スタックト・デックとインビジブル・デックは組み合わせて使える、ということについて触れています。しかしこのビデオが撮影されたのは私が"Double Personality"を作ったよりもあとのことですし、踏み込んだ説明があるわけでもなく、もちろんマークト・デックも関係ありませんでした。

Transparency

Psy-Show

- 鏡合わせというコンセプトは、このプレゼンテーションのキーとなるものです。これにより、観客はこれが単なるカード・トリックであることを忘れてしまうのです。鏡合わせのアイディアにより、観客の手の中に同じ状況を再現することができます。調和した２つの動作によってトリックの美しい側面が強まり、その結果、観客の記憶に強く鮮やかに、そして長く留まるのです。

- さらに、鏡合わせプレゼンテーションのアプローチを使うことで、演者は本当に魔法のような力を持っているのではないかという、目に見えないリアリティをもたらすことができるでしょう。この手順はその文脈で作られています。以下をご覧ください。

本当に魔法が使えると想像してみてください。あなたはうしろを向き、観客がデックを真ん中あたりでカット、１枚カードを見て、そうしたら表向きにして裏向きのデックに入れます。あなたは２つ目のデックを手に取り、観客と同時にファンにします。するとそこにはそれぞれ１枚だけひっくり返ったカードがあって、それが同じカードなのです。

現象を読み返してみてください。すべての動作はまったくこの記述のままです！あなたはデックを表向きでスプレッドするだけでいいのです。そうすれば、それぞれのデックには１枚ずつひっくり返ったカードがあり、めくってみれば一致しています。これが本当の魔法でなくてなんだというのでしょうか！

Bonus

私の使うインビジブル・デックの配列は、商品として売っているそれに付いてくる説明書とは異なるものです。80年代にドクター・バルによって書かれたフランス語の小冊子『*Le Jeu Invisible d'après Dai Vernon*』("*The Invisible Deck as per Dai Vernon*") に書かれた原理をベースにしました。私見ですが、これはインビジブル・デックのセット方法として、またそれを普通のデックのように見せるという点で、最良のやり方だと思います。この方法で20年やっていますが、私がこのデックを使っているとき、誰一人として疑念を抱かなかったはずです。

インビジブル・デックの改善のためには、以下の４つのルールを守りましょう。

① ハートはスペードに、ダイヤはクラブに対応します。これは古典的なインビ

ジブル・デックと同じです。つまり、各ハートの裏にはスペードが、各クラブの裏にはダイヤが、それぞれ背中合わせでペアになっています。

② 各ペアの数の合計値は14です。インビジブル・デックを買ったときについてくる解説書だと、各ペアの合計値は13になっていますね。ですが、キングが13であり、それにマッチするような、数字が0というカードはありません。そのためキングはキング同士でペアに組め、と書いてあるのですが、これはとても論理的とはいえません。ですが14なら、すべてのペアに同じルールを適用できるのです。

— エースの裏にキング（キングは13でエースは1）
— 2の裏にクイーン（クイーンは12）
— 3の裏にジャック（ジャックは11）
— 4の裏に10
— 5の裏に9
— 6の裏に8
— 7の裏に7

③ 赤の偶数と黒の奇数を同じ側に、赤の奇数と黒の偶数が反対の側に揃うようにします。これは一般的なインビジブル・デックのルール（片面がすべて偶数で、反対はすべて奇数）とは違っています。これによって、カードを広げても何ら怪しいところがなくなります。デックがどちら向きでも、ちゃんと偶数も奇数も見えています。数もスートもすべて見えます（エースからキングまで、そしてクラブ、ハート、スペード、ダイヤ）。

上記3つのルールを適用すると、デックのセットは以下のようになります。

片方の面は、ハートとダイヤのエース，3，5，7，9，ジャック，キング，それからスペードとクラブの2，4，6，8，10，クイーン　です。

もう一方の面は、ハートとダイヤの2，4，6，8，10，クイーン、それからスペードとクラブのエース，3，5，7，9，ジャック，キング　です。

もちろん、この順序のままでデックを広げれば、何かがおかしいぞ、と簡単に気づかれてしまうでしょう。ですので、各ペアはランダムな順序でデックに集め

Transparency

ていきます。そうすることで、完全に普通のデックに見えるのです。

④ ただし、最終的に、デックのそれぞれの端にはクラブの5とクラブの6が見えるようにします。これにより、同じ観客の目の前で同じトリックを繰り返す際にも、デックをどちらの向きにひっくり返せばいいのかを知ることができるのです。

改善版インビジブル・デックのクイック・セット法

ステップ1：インビジブル・デックを購入したら、まずすべてのペアを分けて、全部のカードを表向きでテーブルに置きます。

ステップ2：赤いカード全部を一列に並べます。ハートのエースからキング、続けてダイヤのエースからキングの順です。

ステップ3：黒いカードも全部一列に並べます。スペードのキングからエース、続けてクラブのキングからエースの順です。このときスペードのキングはハートのエースの下に置きます[訳注]。同様に、スペードのクイーンはハートの2の下として、スペードのエースとハートのキングまで揃えていってください。同じことをダイヤとクラブでも行います。そうすると、すべてのカードは数の和が14で、"スペード／ハート" "クラブ／ダイヤ"という組み合わせのルールに則ってペアにしていく準備ができたことになります。

ステップ4：数の和が14で、スペードにはハートを、クラブにはダイヤがそれぞれ背中合わせになるようにペアにしていきます。

注：ペアにするとき、ひっくり返すのは黒で、赤のカードは表向きのまま、というルールで進めます。

ステップ5：赤の偶数が表向きになっているペアを全部ひっくり返しましょう（2, 4, 6, 8, 10, クイーン）。これで各ペアの表側に見えているのは、黒の偶数のものと、赤の奇数のものになります。

訳注　まず赤を1列に並べたら、その手前側に黒の列を並べる状態です。2段組の上側と下側。

ステップ６：ペアをまとめていきますが、まずダイヤの９（下にはクラブの５）から取り、そこに他のペアをランダムな順番で重ねていきます。すべてのペアをまとめて、仕上げに最後のペア（クラブの６が見えています）を載せてフル・デック完成です。

チェック・ポイント：クラブの６が見えるようにデックを持ちます。全体をひっくり返せばクラブの５が見えますね。

箱についての下準備
　箱には、フラップの根元部分、つまりデックの上端から１cm弱、"Bicycle"の文字の上ですが、そこに折り目があります。蓋を開けて、フラップを外側に向かって完全に折り曲げます。これを何度かやって、フラップが楽に動くようにしてください。

　このひと手間をかけておくことで、デックを箱から出すのが楽になりますし、なによりトップ・カードが何か（クラブの５なのか６なのか）、インデックスをピークすることが可能になるのです。ですから、カードを箱から抜き出すよりも前に、デックが正しい向きにあるのか、はたまたその向きでは必要なカードが出てこないのかを判別することができます。

改善版インビジブル・デックの使い方
　デックを正しい向きで取り出すためには、カードを箱から出す前に、裏向きで出さなければならないカードが何なのかを知っていなければなりません。箱を開けるときは、常にフラップが下を向くようにして、それを持ち上げきるまでにトップ・カードのインデックスをピークします。こうして、それがクラブの５なのか６なのかを判別するのです。

　現すべきカードに対して、デックが正しい向きなのかそうでないのかは即座に見て取ることができるでしょう。

　— デックが正しい向きだった場合、そのままデックを箱から出してきます。
　— デックが正しい向きではなかった場合、箱ごと横方向にひっくり返してから取り出してきます。

　以下にいくつか具体例を記載します。

Transparency

- スペードの9（黒の奇数カード）を裏向きカードとして出したい状況で、箱を開けたときに見えたのはクラブの6でした。そのときは、箱をひっくり返すことなく、そのままデックを取り出します。カードを広げていくと、表向きのハートの5の下にスペードの9が裏向きであります。

- クラブのクイーン（黒の偶数カード）を裏向きカードとして出したい状況で、箱を開けたときに見えたのはクラブの6（こちらも黒の偶数です）でした。そのときは、まず箱をひっくり返し、それからデックを取り出します。そのカードを広げていくと、表向きのダイヤの2の下にクラブのクイーンが裏向きであります。

- ダイヤの7（赤の奇数カード）を裏向きカードとして出さなくてはいけない場合、改善版インビジブル・デックのルール設定から、あなたはそのうしろがクラブの7（黒の奇数カード）であると分かっています。ですから、箱を開けてクラブの5（こちらも黒の奇数カード）が見えたら、箱をひっくり返さずにそのままデックを取り出します。表向きのクラブの7の下にある裏向きのカードがダイヤの7です。

- ハートのクイーン（赤の偶数カード）を裏向きカードとして出さなくてはいけない場合、あなたはそのうしろがスペードの2（黒の偶数カード）であると分かっています。ですから、箱を開けてクラブの5（黒の奇数カード）が見えたら、箱をひっくり返してからデックを取り出します。表向きのスペードの2の下にハートのクイーンが裏向きであります。

Double Personality

FFFF、それは招待されし者限定のコンベンション……

Mind Reading

Effect

2つのデックが示されます。どちらか片方を観客が選びます。そのデックをシャッフルし、カットし、何枚かのカードを5人の観客に配ります。各人に手元のカードを見てもらい、そのうち1枚を心に思ったらポケットにしまってもらいます。観客の1人が場に残ったごちゃまぜのカードを全部まとめ、シャッフルしてから箱に入れて片付けます。

マジシャンは読心術の実験をしてみたいと言います。5人の観客の心を読もうと言うのです。マジシャンは2つ目のデックを手に持ち、シャッフルしてから広げていき、最初のほうの10枚くらいを観客に向けます。マジシャンからはカードの表が見えていない状態で、もしさっき心で思ったカードがこの中にあったら手を挙げてくれるよう観客たちに言うのです。

最初の観客が手を挙げたら、マジシャンはその観客をじっと見つめ、何も質問をすることなく、思われたカードについていくつか正しいことを言っていき、そのあとそのカードが何であるかを声に出して言います……まさしく正しいカードです！その観客には、ポケットの中に入れたカードを取り出して、みんなに見せてくれるように言いましょう。そのカードは、確かに先ほどマジシャンが口に出して言ったカードなのです！

他の4人の観客についても同じく公明正大なかたちで当てていきます！

What You Need

　青裏のBW・マークト・デックを1つ。
　レギュラーの赤裏デックを1つ。私はこの色の選択をお勧めします（その理由についてはPerformanceのセクションに書いています）。

Preparation

まずはレギュラー・デックをシャッフルします。それをテーブルの右側に表向きでスプレッドしてください。必要になるのは最初の25枚だけなので、その位置でスプレッドを分けます。このスプレッドの25枚のカードを使って、もう一方のデック、すなわちマーク・デックをスタックしていきます。

マーク・デックからその25枚と同じカードをすべて抜き出し、表向きでテーブルの左側にスプレッドしてください。スタックを完成させるのに使うので、残りの27枚も手近なところに置いておいてください。以下のように並べます。

注：
- "Xカード"、と書かれているのは27枚の山からです。
- "デュプリケート"と書かれているものは、左側に置いた25枚のスプレッドからです。そして添えられている数字は、レギュラー・デックの同じカードがある枚数目に対応しています。
- つまり、デュプリケート#3はレギュラー側の3番目と同じで、デュプリケート#19はレギュラー側の19番目と同じ、のように。

Stacking the BW・Marked Deck

BW・マーク・デックのスタックの仕方ですが、カードを表向きで以下の順序にまとめて作ります。

Xカード2枚、デュプリケート#1、デュプリケート#6、デュプリケート#11、デュプリケート#16、デュプリケート#21、Xカード4枚、デュプリケート#2、デュプリケート#7、デュプリケート#12、デュプリケート#17、デュプリケート#22、Xカード4枚、デュプリケート#3、デュプリケート#8、デュプリケート#13、デュプリケート#18、デュプリケート#23、Xカード4枚、デュプリケート#4、デュプリケート#9、デュプリケート#14、デュプリケート#19、デュプリケート#24、Xカード4枚、デュプリケート#5、デュプリケート#10、デュプリケート#15、デュプリケート#20、デュプリケート#25、Xカード9枚

A Specific Set-up

レギュラー・デックのトップ25枚が以下の順序だったとします（番号はそのカードの位置を示しています）：

Transparency

#	カード	#	カード
1	クラブのエース	14	ダイヤの3
2	ハートのエース	15	スペードのキング
3	スペードのエース	16	クラブの4
4	ダイヤのエース	17	ハートの4
5	クラブのキング	18	スペードの4
6	クラブの2	19	ダイヤの4
7	ハートの2	20	ダイヤのキング
8	スペードの2	21	クラブの5
9	ダイヤの2	22	ハートの5
10	ハートのキング	23	スペードの5
11	クラブの3	24	ダイヤの5
12	ハートの3	25	クラブのジャック
13	スペードの3		

注：どう見てもこれはシャッフルの結果のランダムな並びとはとても思えないものですが、ここではスタックの順序の説明用ということでご容赦ください。

Mind Reading

上記を受けると、マークト・デックのスタックは以下のような順序になります：

#	カード	#	カード	#	カード	#	カード
1	X カード	14	ハートの3	27	X カード	40	ハートのキング
2	X カード	15	ハートの4	28	X カード	41	スペードのキング
3	クラブのエース	16	ハートの5	29	X カード	42	ダイヤのキング
4	クラブの2	17	X カード	30	ダイヤのエース	43	クラブのジャック
5	クラブの3	18	X カード	31	ダイヤの2	44	X カード
6	クラブの4	19	X カード	32	ダイヤの3	45	X カード
7	クラブの5	20	X カード	33	ダイヤの4	46	X カード
8	X カード	21	スペードのエース	34	ダイヤの5	47	X カード
9	X カード	22	スペードの2	35	X カード	48	X カード
10	X カード	23	スペードの3	36	X カード	49	X カード
11	X カード	24	スペードの4	37	X カード	50	X カード
12	ハートのエース	25	スペードの5	38	X カード	51	X カード
13	ハートの2	26	X カード	39	クラブのキング	52	X カード

スタックを終えたら、2つのデックをそれぞれの箱に入れます。準備完了です！

Preamble

人格形成の早い時期に、私はメフィストの素晴らしき手順、"The Master Challenge"に出会いました。この偽のテレパシー・トリックはとても強力なものでしたが、現実の"集中砲火の下で"パフォーマンスをするようになってから、このトリックには以下の2つの弱点があると思うようになりました。
・ ギミックのカンニング・ペーパー・カードを使うので、囲まれた状態で演じることができない。
・ カードを読み上げていくため、明らかに演技時間が長くなり、ペースを早く保つことが難しい。

紛れもなくそれと同じ原理に触発されたにもかかわらず、本作はそういった欠点に悩まされることもなく、ペースを保つこともより楽になりました。2つのデッ

Transparency

クを使いますが、他にはいかなるギミックも使いませんし、カードの表を見ることなしに当てることができるのです！

　さらに、お手伝いの観客を5人巻き込むことで、このルーティーンはクローズアップでもサロンでも、ステージでも演じることができます！

Performance
　5人の観客にお手伝いとして参加してほしいとお願いし、演者の左側に一列に隣り合って並んでもらいます。心の中でそれぞれの人を＃1から＃5まで番号付けしてください。演者に一番近い人を＃1、一番遠い人を＃5とします。

注：このトリックの間、観客がカードを交換したり、場所を変えたりしてはいけません。これは必ず守ってください。

　デックを2つ持って彼らに見せ、一番近いお手伝い役の人（＃1）にどちらか指差して選んでもらいます。お手伝い役の人の選択をどのように扱うのかを以下に記載します。

- お手伝い役の人がレギュラー・デックを指した場合、それは持ったまま、別のほうを脇によけておきます。
- お手伝い役の人がマークト・デックを指した場合、それを彼女に渡し、とりあえずポケットの中に入れておいてくれるようにお願いします。

　いずれの場合でも、演者がレギュラー・デックを持つようにします。私の経験では赤いデックを指されることが極めて多いため、私は赤いほうをレギュラー・デックにしています。

　箱を開けてカードを取り出し、箱はポケットにしまいます。デックを手に持ち、表向きでオーバーハンド・シャッフルをしましょう。このとき、1枚ずつ取るでもかたまりで取るでもいいのですが、いずれにせよフェイス側から半分以上のカードは取らないでください。最後に、上側（右手に持っている、トップだった部分）のカードを左手にあるシャッフルした部分の下に入れることで、トップ部は保たれたままになります（写真1）。言い換えれば、下側だけシャッフルしている間も上側のパケットが崩れないようにし、そして最後にセットしてある部分を上に戻す、ということです。

Mind Reading

写真1 　　　　　　　　写真2

　裏向きのデックを右手ビドル・ポジションで持ちます。チェック・ポイント：トップの25枚はスタックしたカードから成っています。ただちにキック・カットをして上半分を左手に渡し、その上に残りのパケットを重ねますが、このとき左手小指でその間にブレイクを作っておきます。

　左手親指でデックをリフルしていき、リフル・フォースを行いましょう。以下のようにやってください：まず左手親指を、デックの上部左のコーナーに置き、下向きに力をかけてカードをリフルしていきます。同時に、観客には「ストップ！」をかけてもらうように頼みましょう（写真2）。

　彼女がストップをかけてくれたら、右手をデックの上からかけてつかみます。そうしたら彼女が実際にどこでストップをかけたかにかかわらず、ブレイクのところから持ち上げるのです。右手で持っているカードを左手のカードの下に入れ、カットを済ませてください。チェック・ポイント：トップの25枚のカードは、この時点でもスタックしたカードのままです。デックのトップ5枚のカードを左手親指で押し出し、それをお手伝い役＃1へと渡します。もう5枚取ってお手伝い役＃2に、同じようにして、お手伝い役＃3，＃4，＃5にも5枚ずつカードを渡しましょう。

　渡すカードについては、枚数に触れたり、あからさまに数えたりしないことが重要です。ここでは、お手伝い役の方たちに渡すため、適当にカードを左手親指で押し出していっているだけで、その枚数については重要ではないという印象を与えたいのです。

　演者はお手伝い役たちから離れます。彼らには自分の手元のカードを見てもらいますが、他の誰にも見せないようにと説明します。そして、その中の1枚のカー

ドについて集中し、それを憶えてもらってからポケットにしまうように言いましょう。お手伝い役＃5には、手元に残ったカードをお手伝い役＃4に渡してもらいます。お手伝い役＃4はいま受け取ったものと自分のものをまとめてお手伝い役＃3に渡し……とやっていき、最終的にお手伝い役＃1が"要らないよと回されてきたカード"をまとめます。そこには20枚のカードがあるのですが、あなた以外、誰ひとりとしてそのことは知りません。

　お手伝い役＃1にそれらをシャッフルしてもらい、演者はカードの箱をポケットから取り出してお手伝い役＃1に渡します。演者が持っている残りのカードも渡し、いまお手伝い役＃1が持っているカードと一緒にまとめて箱にしまってくれるように言いましょう。そうしたらデックを受け取り、脇によけておきます。

　お手伝いの方から返して貰うか、フォースのあとに置いておいた場所から取ってくるかして、マークト・デックを場に出します。箱からデックを取り出し、デック全体の順序が狂わないように1回か2回フォールス・シャッフルを行ってください（ここでもまた、グラヴィティ・シャッフルがとても役に立つでしょう）。そうしたら客席のほうを向きます。デックを演者の両手の間で広げ、デックは全部揃っていること、なのでお手伝い役の方たちが選んだのと同じカードもこの中にある、ということを言います。お手伝い役の方たちのほうに向き直り、これからやろうとしていることを以下のように説明しましょう：「これから何度か、10枚くらいのカードを皆さんに見せていきます。毎回『ご自分のカードはありますか？』と聞きますので、もしご自分の思ったカードがその中にありましたら、何も言わずに、ただ左手をそっと挙げてほしいのです。よろしいですか？」

　右手で、トップ9枚のカードを広いファンにして取り、マークが演者に全部見えるようにしてください（写真3）。

写真3

Mind Reading

注：ここでも、ある決まった枚数のカードを広げているという事実は目立たせたくありません。演者が適当に手に取ったカード群である、という印象を与えたいのです。3枚ずつを3回押し出して右手で取れば、枚数は簡単に数えることができるでしょう。これについてもキーとなるのはなにげなさです。

各お手伝い役の方の前で止まって、その人の目をじっと見つめながらファンを彼らに見せていきましょう（この段階ではまだカードの裏側は見ないで！）。5人にそれを行ったら、こう聞きます。「どなたか、ご自分のカードがあった方は？」

ここには3つの可能性があります。

シナリオ1　誰も手を挙げなかった：
右手で持ったカードをテーブルに置き、そんなに簡単にいってしまってはびっくりですからね、と言います。

シナリオ2　1人が手を挙げた：
彼女のお手伝い役番号（並んでいる位置に対応する数字です）に2を加えてください。

例：お手伝い役#1が挙手した場合、"3"と考えます（1＋2＝3ですね）。同様にお手伝い役#2だったら"4"と考えます（2＋2＝4）。

言い換えれば、
　　― お手伝い役#1のとき：3を思い浮かべる
　　― お手伝い役#2のとき：4を思い浮かべる
　　― お手伝い役#3のとき：5を思い浮かべる
　　― お手伝い役#4のとき：6を思い浮かべる
　　― お手伝い役#5のとき：7を思い浮かべる
ということです。

挙手したお手伝い役の前に行きます。もしお手伝い役#4だった場合、演者は心の中で6と考えています。そしてファンの右から6枚目のカード、それこそが彼女のカードなのです！簡単ですね！カードの位置は、対応するお手伝い役の方の位置番号に2を加えた場所なのです。

カードは顔の高さで持っていますので、マークを読んでそのカードが何かを判別するのはとても簡単です。カードが何か分かったらすぐファンを下げて閉じ、お手

Transparency

伝い役の方に選んだカードの色に集中してくれるように頼んでください。集中する間を少し取り、それからその人の選んだカードの色を、そしてピップスの数を（あるいはどんな絵柄かを）言っていきます。彼女にはポケットにしまったカードを取り出してもらい、演者の得たイメージが正しかったことを証明してもらいましょう。

シナリオ3　2人以上が手を挙げた：

　上述したのと同じように進めますが、まずは小さい数字から始めます。言い換えれば、演者に近い位置のお手伝い役からやっていく、ということです。次のお手伝い役にも見せる必要がありますので、カードはファンにしたまま、捨てずに上記手続きを繰り返しましょう。2人同時や3人同時、4人同時やはたまた5人全員が同じカード群で挙手する可能性もあります。まあそうそうあることではありませんが。どんなシチュエーションであっても、演者はカードが何か分かりますね。

　どのシナリオ・パターンであるかに関係なく、たどり着く終着点は同じです。9枚のカードを持ち、テーブル上に捨てます。そうしたら次の9枚を手に取って同じプロセスを辿り、お手伝い役の人たちのカードを次々と当てていくのです。

　これを5枚のカード全部を当てるまで続けてください。当てるときにはためらったり、お手伝い役の人と会話したりしてバリエーションを持たせましょう。そして最後に拍手をもらうのです。

Notes

　もしあなたが"The Master Challenge"をよくご存知なら、追えなくするために付け加えられた仕組みの違いについて、お気づきになることでしょう。

— 数理的な手法を疑うようなお手伝い役の人は、5枚のカードを渡されたのに9枚のカードを見せられたことに混乱することでしょう。

— 同様の混乱を誘う要素に、ファンの中のカードの位置とお手伝い役の位置が一致していない、というのもあります。確かに、これはそう滅多にお手伝い役の人に気付かれることではありませんが、もしそういう観客がいたとしても、彼らの探求の旅路は早々に打ち切られ、袋小路へと行き着くことになるでしょう。

　カードを4グループ見せたのに、お手伝い役のひとりのカードがまだ出てきて

Mind Reading

いない場合、あなたは実に羨ましい状況にあります。そのお手伝い役の人のカードは最後のグループにあることが分かっており、あなたはそれがどれなのかも分かります。カードを手元で水平に広げ、お手伝い役番号に2を加えてカードを特定しましょう。マークを読み取ったらこう言います。「あなたには、カードはお見せしません。私が本物のマジシャンであるならば、あなたの思考を捉えるだけでいいはずです……ご自分のカードを思い浮かべて……」 そうしたらすぐに、色、スート、そして数字を連続で当てていき、クライマックスには彼女にポケットからカードを取り出してもらい、演者はそれを受け取って堂々と観客の皆に示すのです。

もっとも手早く直接的な当て方でこの手順を終えることで、このトリックは本当に強烈なクライマックスをもたらします。

Psy-Show

- このタイプのルーティーンには2種類のアプローチがあります。1つは"リアル"の側面を重視し、それは本当のことであるとして演じること（極限の集中やトランス状態、等など）。もう1つは面白おかしく、それでいて間の抜けた感じではなくきちんと演じることです。後者の場合、観客はそれがトリックであると認識してはいますが、現象がとても直線的であるため、その流れに乗らざるを得ません。いずれのアプローチを選ぼうとも、特定のスタイルをきちんと演じきり、プレゼンテーションについては一貫性を持っていなければなりません。あるスタイルから別のスタイルへ変えようとしてはいけません。必ずひとつのスタイルで通してください。

- カードを当てるとき、ファンにしたカードを手に持っていないということが、トリックを非常に強めてくれます。カードとは別の要素を"知覚"し始めることで、観客たちには、マジシャンは物質的な手がかりを使わず、本当にその人自身に集中しているのだと思わせることができます。もし本当に人の心を読めるとしたら、まさしくこんな風に見えるでしょうね。

- それぞれのお手伝い役の人に配られたカードの枚数に注意を集めないこと、そしてカードを当てる前に見せるカードの量、これらが手法を効果的に隠蔽してくれます。カードの表をまったく見ないので、本当に演者は、カードの量やそれらが何かについてはまったく注意を払っていないように見えるのです。これはまた、数理的な解決法について考えさせる余地をなくしてくれます。

Transparency

- お手伝い役の人たちに、思ったカードを自身のポケットにしまってもらうのは、このトリックにおいて極めて重要です。理由は以下の2つ。

    — 演者がカードを言い当て、それが正しいと分かると最初の拍手がもらえます。そして確認のために、お手伝い役の人にポケットのカードを出してもらい、それを客席に見せることで、もう一度拍手をもらうことができるのです。それもしばしば、最初のよりも盛大に。

    — "証拠のカード"を使うのは、このトリックを成功させるのに必須です。これはもしお手伝い役の人が、演者や他の観客を困らせてやろう、という考えを抱くような人だったときの保険になります。

チャプター - 4

Miracles with
the Boris Wild
Memorized Deck

Concept of the Boris Wild Memorized Deck

Principle of the BW Memorized Deck
［BW・メモライズド・デックの仕組み］

Technique
　現在販売されている他のメモライズド・デックと同様に、BW・メモライズド・デックは、
　　— デックの中の言われたカードの正確な位置（枚数目）が分かります。
　　— デックの中の特定の場所（枚数目）に何のカードがあるかが分かります。

　では、なぜこの独自のシステムを採用することを検討したほうがいいのでしょうか？　もうすでに、同じ特性を持っていると明言している、他の多くの優れた配列方法が発表されているのに。

　そうですね、では本システム独自のカード配列は、1ヶ月でも数週間でも数日でもなく、時計で計ってキッカリ30分以下で習得できるとしたら……いかがでしょうか？

注：このメモライズド・デックは私が独自に考案したものですが、その原理はエリス・ステイニオンの定期誌『*Magic by Stanyon*』（1913年7月号）に解説されたスタックのバリエーションで、数の増分変化量を利用するシステムを基にしています。しかしもちろん、BW・メモライズド・デックで使用するスタック、およびカードの位置を計算する方法は、それとは違ったものになっています。

Transparency

What You Need
52枚揃ったレギュラー・デックを1組。

Arrangement of the Deck
BW・メモライズド・デックを手早くセットするには、次のようにします。

- 表向きのデックをスートごと、4つのパケットに分け、各パケットでエースを一番上にして数字順に並べます。
- パケットは左から右に向かって、CHaSeDオーダー（クラブ、ハート、スペード、ダイヤの順）に並べます。
- クラブのパケットをカットして、クラブの4が一番上になるようにします。上から、4, 5, 6, 7, 8, 9, 10, J, Q, K, A, 2, 3となります。
- ハートのパケットをカットして、ハートの3が一番上になるようにします。
- スペードのパケットをカットして、スペードの2が一番上になるようにします。
- ダイヤのパケットはカットせず、ダイヤのエースが一番上のままにしておきます。

そうしたら、カードを取り上げてシステムを組み立てていきます。右手でクラブのパケットから1枚取り上げ、表向きで左手に置きます。この操作を左から右に向かってハート、スペード、ダイヤと行い、再びクラブに戻り……と、すべてのカードが左手に収まるまで続けます。

これでシステムのセットは完成です。実際のカードの順序を以下に記載しておきます（これは裏向きの状態です）。

#	カード	#	カード	#	カード	#	カード
1	クラブの4	14	ハートの6	27	スペードの8	40	ダイヤの10
2	ハートの3	15	スペードの5	28	ダイヤの7	41	クラブのA
3	スペードの2	16	ダイヤの4	29	クラブのJ	42	ハートのK
4	ダイヤのA	17	クラブの8	30	ハートの10	43	スペードのQ
5	クラブの5	18	ハートの7	31	スペードの9	44	ダイヤのJ
6	ハートの4	19	スペードの6	32	ダイヤの8	45	クラブの2
7	スペードの3	20	ダイヤの5	33	クラブのQ	46	ハートのA
8	ダイヤの2	21	クラブの9	34	ハートのJ	47	スペードのK
9	クラブの6	22	ハートの8	35	スペードの10	48	ダイヤのQ
10	ハートの5	23	スペードの7	36	ダイヤの9	49	クラブの3
11	スペードの4	24	ダイヤの6	37	クラブのK	50	ハートの2
12	ダイヤの3	25	クラブの10	38	ハートのQ	51	スペードのA
13	クラブの7	26	ハートの9	39	スペードのJ	52	ダイヤのK

Concept of the Boris Wild Memorized Deck

　BW・メモライズド・デックを使うためには、以下の2つの事柄を憶えておく必要があります。

　1つ目は、スートに対応する数値です。
・　ダイヤ ＝ 0
・　スペード ＝ 5
・　ハート ＝ 10
・　クラブ ＝ 15

　並びを憶えるために私の使っているキーワードは非常に単純なものです。まず、"5"と憶えます。以上です！このコンセプトは以下のようにして記憶・理解してください。
・スペードは、尖った先が1つあるので、5×1＝5
・ハートは、2つの丸みがあるので、5×2＝10
・クラブは、3枚の葉があるので、5×3＝15
・ダイヤはピップを"0"の中に描くことができます。またダイヤモンドを実際に買うには、小切手に沢山の"0"を書かないといけませんから、5×0＝0

　2つ目が、64までの4の倍数を記憶しておくことです。

　つまり、4，8，12，16，20，24，28，32，36，40，44，48，52，56，60，64です。

・　1 × 4 ＝ 4
・　2 × 4 ＝ 8
・　3 × 4 ＝ 12
・　4 × 4 ＝ 16
・　5 × 4 ＝ 20
・　6 × 4 ＝ 24
・　7 × 4 ＝ 28
・　8 × 4 ＝ 32
・　9 × 4 ＝ 36
・　10 × 4 ＝ 40
・　11 × 4 ＝ 44
・　12 × 4 ＝ 48
・　13 × 4 ＝ 52
・　14 × 4 ＝ 56
・　15 × 4 ＝ 60
・　16 × 4 ＝ 64

方法その1：枚数目の数字をカードの名前へと変換する
　観客が1～52の間の数を1つ言った場合、その枚数目のカードは何でしょうか？

　計算式は何の数字が来ても一緒です。これを理解するのに最良の方法は、以下の例を見ながらやってみることでしょう。

- 観客が「**21**」と言ったとします。スートの数値を思い出して、順番に0, 5, 10, 15を加えていき、4の倍数になるものを見付けます。

    — 21 + 0 = 21：21は4の倍数ではないので次へ進みます。
    — 21 + 5 = 26：26は4の倍数ではないので次へ進みます。
    — 21 + 10 = 31：31は4の倍数ではないので次へ進みます。
    — 21 + 15 = 36：36は4の倍数なのでここで終わりです！

加えた15はクラブの数値なので、21枚目のカードのスートは"**クラブ**"だと分かります。

カードの数値を判別するには、得られた4の倍数値を4で割ります。36÷4＝**9**

つまり、21枚目のカードは**クラブの9**です！

- 観客が「**38**」と言った場合、5の倍数（0, 5, 10, 15）を順に加えていき、4の倍数になるものを見付けます。
    — 38 + 0 = 38：38は4の倍数ではないので次に進みます。
    — 38 + 5 = 43：43は4の倍数ではないので次に進みます。
    — 38 + 10 = 48：48は4の倍数なのでここで終わりです！

10はハートの数値なので、38枚目のカードのスートは"**ハート**"となります。カードの数値を判別するには、得られた4の倍数値を4で割ります。48÷4＝12　12は"**クイーン**"です。

これで、38枚目のカードは"**ハートのクイーン**"となります。

- 今度は観客が「**7**」と言った場合です。5の倍数（0, 5, 10, 15）を順に加えていき、4の倍数になるものを見付けます。
    — 7 + 0 = 7：7は4の倍数ではないので次に進みます。
    — 7 + 5 = 12：12は4の倍数なのでここで終わりです！

5はスペードの数値なので、7枚目のカードのスートは"**スペード**"となります。カードの数値を判別するには、4の倍数値である12を4で割ります。12÷4＝**3**

これで、7枚目のカードは"**スペードの3**"と分かりますね。

- 観客がある数を言ったとき、もしその数が4の倍数ならば、直ちにそのカー

ドのスートは"ダイヤ"だと分かります。

— "**40**"と言われたら、40÷4=10で"**ダイヤの10**"。
— "**52**"と言われたら、52÷4=13で"**ダイヤのキング**（13はキング）"

注：同じ計算方法をすべての数に対して適用できますが、調整が必要な数が6つだけ存在します。それは、41, 45, 46, 49, 50, 51です。

これらの数のとき、同じ方法で4の倍数を探しますが、それを4で割ると13より大きな数になってしまいます。この場合、出た結果の数から単に13を引くだけです。そうすれば、その数が正しいカードの数値になっているのです。

- 14−13=1：カードの数値は1なのでエースです。
- 15−13=2：カードの数値は2です。
- 16−13=3：カードの数値は3です。

方法その2：カードの名前から何枚目にあるかを知る方法

必要なカードはデックの中のどこにあるでしょうか？
カードの名前が言われたとき、それはデックの何枚目にあるのでしょうか？
これは、さらに易しい問題です！以下のいくつかの例を見ればご理解頂けるでしょう。

- 観客が「**クラブの9**」と言ったとします。
 観客のカードを記憶し、まずその数値を4倍します。9×4=36
 この結果の数から、スートに関する数値を引きます。
 クラブの数値は5×3=15なので、36−15=**21**
 これで、クラブの9は21枚目であることが分かります。

- 観客が「**ハートのクイーン**」と言ったとします。
 観客のカードを記憶し、まずその数値（クイーンは12）を4倍します。12×4=48
 この結果の数から、スートに関する数値を引きます。
 ハートの数値は5×2=10なので48−10=**38**
 これで、ハートのクイーンは38枚目であることが分かります。

Transparency

- 観客が「**スペードの3**」と言ったとします。
観客のカードを記憶し、まずその数値を4倍します。3×4＝12
この結果の数から、スートに関する数値を引きます。
スペードの数値は5×1＝5なので12－5＝**7**
これでスペードの3は7枚目であることが分かります。

- 観客が"ダイヤ"のカードを言ってくれたときは大歓迎です。必要なのはカードの数値を4倍することだけです。
「**ダイヤの10**」と言われたら、10×4＝**40**で、トップから40枚目です。
「**ダイヤのキング**」と言われたら、13×4＝**52**で、トップから52枚目です。

注：同じ計算方法をすべてのカードに対して適用できますが、調整が必要なカードが6つだけ存在します（その6枚は、方法その1で触れた特例、つまり数字の41, 45, 46, 49, 50, 51に対応するカードです）。たとえばクラブの3だと、計算結果は－3になります。カードはもちろん、デックの負の枚数目には存在できません！この場合、単に52から3を引くだけで正しい位置にたどり着きます。52－3＝49（－3に52を加える、と言い換えてもいいでしょう）　これで、クラブの3はデックのトップから49枚目にあることが分かります。

　BW・メモライズド・デックの活用法は数え切れません。メモライズド・デックを必要とするルーティーンなら何にでもこのスタックは応用できます。さらには、サイ・ステビンス・スタックと同じく色が交互（CHaSeD）になっているので、あなたが普段それを使って演技をするときと同じようなやり方で ── とはいえさらっと、何も強調しないようにですが ── カードの表の面であっても堂々と見せることができます。

Easy Applications
[簡単な実践方法について]

"素晴らしい記憶力"（インクレディブル・メモリー）というプロットについて、簡単な実践法を2つご紹介しましょう。

- 一番シンプルな実践法は、カードをほんの数秒、ざっと見ただけでその並びをすべて記憶できてしまうふりをする、というものです。BW・メモライズド・デックを手に取り、何度か簡単にフォールス・シャッフルをします。そうしたらカードを自分の前に数秒スプレッドし、それを閉じたら観客に何か1つ適当な数

字を言ってもらいましょう。集中するふりをしながら方法その1を使ってその数字の枚数目のカードが何かを割り出し、それにあたるカードを口に出して言うのです。デックを観客に渡して、観客の言った枚数分まで、カードを1枚ずつ裏向きで配っていってもらいましょう。演者の"記憶していた"カードが、そこで見つかることになります。

・ 逆の方法も同じように効果的です。観客に何か自由にカードを1つ言ってもらい、演者は少しの間集中、方法その2を使ってその枚数目を言うのです。観客にはいま演者が言った枚数目のところまで、カードを1枚ずつ裏向きで配っていってもらいます。言われたカードはまさにその枚数目から出てくるのです！

Name Any Card

Effect
デックにシャッフルとカットをしながら、マジシャンは幾人かの観客に向けて、それぞれ適当なカードを声に出して言うように頼みます。マジシャンはいずれもほぼ瞬間的に、しかもカードの表も見ずに、言われたカードを取り出してくるのです。

What You Need
BW・マークト・デックを1つ。

Preparation
BW・マークト・デックを、BW・メモライズド・デックの順に並べておきます。それからジョーカーを1枚、ジャケットのポケットに入れておきます。

デックは裏向きで、左手ディーリング・ポジションで持ってください。これで準備完了です。

Preamble
このトリックはメモライズド・デックのシンプルな活用例です。メモライズド・デックの機能に慣れ親しみながら、エスティメーションの感覚をつかむ練習にもなるでしょう。これは現代奇術界のビッグ・ネームたちも既に色々と模索してきた、カード・マジックの古典です。ですが、メモライズド・デックとBW・マークト・デックのコンビネーションは、マークが4つの異なった高さに分けられていることにより、トリックをよりシンプルで安全、そしてより効果的なものにしてくれるのです。

このトリックに不可欠なもののひとつ、それは少なくともフォールス・カットを1種と、完全に順序の狂わないフォールス・シャッフル1種を完璧に行うことで

す。後者に関していえば、先にもご紹介したグラヴィティ・シャッフルはもちろんお勧めです。

言われたカードをそれぞれ異なった驚くべき方法で取り出してみせるために、いくつかの違った、そして手早い当て方を知っておくのも面白いでしょう。"The Ideal Effect"で触れたレヴェレーション・パスは、言われたカードを取り出してくる素晴らしい方法のひとつでしょう。

いまのトリックの説明として、カードを出現させるのに、カードをデックのトップにコントロールしておく必要のある技法を選んだとします。もちろん、たとえばレヴェレーション・パスのときのようにカードをボトムにコントロールしなくてはならないときであっても、カードの位置の調整は容易いでしょうからね。

Performance

観客に話しかけ、自分は才能を磨いたのでトランプを完全にコントロールできる、と説明しながら、一切順序の狂わないフォールス・シャッフルとフォールス・カット、それぞれを行ってください。これにより、必要なカードの場所は素早く特定可能な状態です。

観客の1人に、適当なカードを言ってもらいます。聞いたらすぐに、それがデックの中のどこにあるのかを知るため、さっと計算を行いましょう。観客は「ダイヤの4」と言ったとします。これは簡単なカードです。あなたにはすぐに、これが16枚目にあることが分かりますので、これをトップに持ってくるには15枚のカードをカットする必要がありますが、これはお読みになったイメージよりもずっと簡単です。このエスティメーション・カットを簡単に行う最良の方法は、デックを4つの等量のブロックに分けて考えることです。これで、心の中にとてもはっきりとした、5つの目印を作ったことになります。

　目印1：　1枚目のカード（デックの最初のカード）
　目印2：13枚目のカード（デックの上から4分の1）
　目印3：26枚目のカード（デックのちょうど真ん中）
　目印4：39枚目のカード（デックの上から4分の3）
　目印5：52枚目のカード（デックの最後のカード）

これらの目印があれば、デックの縁をチラッと見てエスティメーションすることで、どんなカードでもどんな場所にでもコントロールできるでしょう。

Transparency

　ダイヤの4の場合16枚目ですが、これは2番目の目印の3枚下だということが分かります。4分の1よりほんの少し多めにカットすれば、目的のカードの上にあるカードをどけることができますし、悪くても1枚か2枚ずれているだけですから、簡単に調整ができるでしょう。

　こういった種類のルーティーンでは常に、多くカットしてしまうよりは、少なくカットしてしまうほうがマシです。一旦カットをし終えたとき、言われたカードの上に数枚のXカードがある、という状況のほうが、言われたカードが49枚目や50枚目などという位置にいってしまっているよりもいいですからね。トップ・カードのマークを見て、正しい位置でカットできなかったことが分かったとしても、少な目にカットしてさえいれば、トップあたりのカードを少しスプレッドして、言われたカードに対応するレベルのところを見ていけばいいのです（ここの例だとダイヤの4なので一番下の段、レベル4です）。言われたカードはきっと一番上から3～4枚のところには来ているでしょう。デックを揃えるとき、言われたカードの上にはブレイクを取り、堂々とダブル・カットをしてブレイクより上のカードをトップからボトムへと送ってください。言われたカードはデックのトップに来たでしょうから、あとはそれをめくってみせればいいわけです。

　言われたカードを観客に示したらデックのトップに戻し、スタックの元々のトップ・カード（BW・メモライズド・デックをお使いならクラブの4）の、大体の位置についてあたりをつけましょう。カードをその位置あたりで広げ、レベル1の高さの"4"を探してください。その上でデックをカットすれば、あなたのメモライズド・デックの並びは元に戻ります。観客に話をしている間に何度かフォールス・シャッフルをすれば、再び別のカードを言ってもらってこの現象を見せることができますね。

注：言われたカードの位置をエスティメーションしてデックをカットしたあと、もしそのカードがトップから2枚目だということに気付いた場合、ダブル・カットをしてその余計な1枚をボトムに送るなどということはしないでください。シンプルにダブル・リフトを行って言われたカードを出しましょう。もし3枚目だった場合もトリプル・リフトで対応できます。

　例えば、レヴェレーション・パスを使ってカードを取り出すため、カードをボトムへと移す必要がある場合には、ブレイクは言われたカードの上ではなく、すぐ下に取ってください。ダブル・カットをすれば、言われたカードは自然にデッ

Name Any Card

クの一番下になり、取り出す準備が整います。技法を終えるときには、カードが元々あった場所(つまり分けたパケットが合わさるところ)にブレイクを取ってください。そしてスタックを元に戻すため、元々のスタックの1番目のカードを探す前に、出現させたカードをそのブレイクの箇所に戻します。このスタックの1番目のカードを簡単に探せるようにするためには、お使いのメモライズド・デックの1番目のカードの裏、左上のコーナーになるところにペンシル・ドットを打っておくといいでしょう。そうすれば、位置を特定するのがより早くなります。

では、さらに6つほど実践例を見ていきましょう。

1. 観客が言ったのはクラブの9でした。あなたはそれが21枚目で、2つ目と3つ目の目印(それぞれデックの上から4分の1と2分の1)の間にあると分かっています。少しだけデックを傾け、デックの側面が見えるようにします。これによりあたりを付けやすくなりますので、ここが21枚だと思うところでデックをカットします。カットの際は、多すぎるよりは少なくなるように心がけながら行うのがいいでしょう。カットを済ませ、トップ・カードのマークを見ます。もしそれが正しいカードではなかったら、カードを何枚かスプレッドして、先に説明したようにダブル・カットを行って位置を修正しましょう。

2. 観客が言ったのはハートの4でした。あなたはそれがトップから6枚目にあると分かっています。トップのカードを5枚スプレッドし、その5枚目の下にブレイクを作り、ダブル・カットを行って5枚のカードをデックのボトムへと送りましょう。

3. 観客が言ったのはスペードの8でした。あなたはそれがトップから27枚目にあると分かっています。言い換えればデックの真ん中にある、3番目の目印カードのすぐ下であるということです。ですから、ファロー・シャッフルをするときのように、デックのちょうど半分のところでカットすればいいのです。

4. 観客が言ったのはクラブのキングでした。あなたはそれがトップから37枚目にあると分かっています。言い換えれば4番目の目印カード(デックの上から4分の3のところ)の2枚上であるということです。あたりをつけつつ、分かりやすい目印の上2枚のところでカットしてしまえばいいわけですね。

5. 観客が言ったのはスペードのクイーンでした。あなたはそれがトップから43

Transparency

枚目にあると分かっています。言い換えれば4番目の目印カードの4枚下であるということです（デックを4つに分けたとき、3つ目のブロックです）。あたりをつけて、この分かりやすい目印の4枚下のところでカットしてしまえばいいわけですね。

6. 観客が言ったのはハートのエースでした。あなたはそれがトップから46枚目にあると分かっています。ボトムあたりのカードを軽く広げ、マークによってハートのエースの位置を特定します。その上に左手小指でブレイクを取り、ダブル・カットを行ってブレイクより下のカードをボトムからトップへと移してください。

もし誰かがジョーカーと言った場合ですか？そのときは皆の前で一連のフォールス・シャッフルを行い、3、2、1、とカウント・ダウンをします。そしてジャケットのポケットからジョーカーを取り出してくるのです！これは確実に観客の驚きを得られますし、場も盛り上がります。

最後に。このトリックをマスターすべく練習し始めて、エスティメーション能力がもっともっと正確なものになったら、あなたは次のステップへと進むことができるでしょう。つまり、1回目のカットですべて完璧にこなし、余計なカードをダブル・カットなどで取り除いたりという調整が不要になる境地です。

自身のエスティメーション能力と、マーキング・システムとを組み合わせると、どんな場合でも100%適切な位置でカットができるようになります。その秘密はいたってシンプルです……。

写真1

どこでカットするかのあたりを付けるとき、少しだけデックを開くのです。そして開いたところの左端、カードのマークのあるべきレベルをグリンプスすればいいのです（写真1）。

もし目的のものを見ることができれば、正確なところでカットできた、ということになります。その位置にブレイクを取り、観客に話しかけながら（もうこの

時点では手元すら見ずとも大丈夫ですね)カットをすればいいのです。

　もしそうでなかったとしても、BW・メモライズド・デックがCHaSeD順になっているのが役に立ちます。少なめにカットしたか多めにカットしたかによりますが、カードを1枚ないし2枚リフルする必要があるかはすぐに分かりますからね。このやり方を使えば、特定のカードを取り出すためのポジションへは、カット1回で確実に移すことができます。そしてもちろん、あなたのマスター済みテクニック倉庫に"パス"という武器があるのなら、たった1回それを使うだけで、カードの表を見もしないで、いかなる怪しい動作もすることなしに、言われたカードをトップへと持ってくることができるでしょう。

　裏面左側の異なったレベルにマーキングが施されているというBW・マークト・デック独自のシステムにより、繰り返しになりますが、素早く、簡単にカードの位置を特定することができます。このことは"Name Any Card"のようなトリックを成功させるのにとても重要なのです。

Psy-Show

　このトリックの強力なポイントは、観客に言われたどんなカードでも、楽に取り出してこられるように見えるところです。手品をしない普通の人たちから見ると以下のような感じです。『マジシャンは、この手順の最中ずっとカードをシャッフルしたりカットしたりしていたにもかかわらず、デックのカード全部、それぞれの位置を正確に把握しており、言われたカードをほとんど瞬間的に取り出せる』つまりこれは、俺が自らの意思でたったいま決めた『もの』、そのものをいますぐ出せと言ってくるような観客が、往々にして抱いているありふれたファンタジー、これを満たすものなのです。なので、こちらはマジシャンとして、観客の要望に応じて願いを叶えられることを証明してみせるのです。ランプの精がするように、マジシャンは持っている力で、観客の色々な願い事を叶えてみせましょう。そんなわけで"Name Any Card"は、カードを使ってできる、もっとも強力なトリックのひとつなのです。

　そして、観客にとって印象的なデモンストレーションである以上に、このトリックはあなたのカード操作能力が完全であることを証明するものになります。どのカードが言われるのか前もって知ることの不可能性、観客のリクエストを叶えるそのスピード、そしてトリックを何度も見せること、これら多くの要素により、あなたのマジシャンとしての力量を示すことができるでしょう。このトリックたったひとつで、

Transparency

あなたにとっては真に不可能なことなど何もないと証明することができるのです。

さて、お次のトリックは、カード・トゥ・ポケットです……

Coincidence

Effect
　青裏のデックを見せて、そのまま箱に戻して観客の1人に持っていてもらいます。裏の透けないインデックス・カード[訳注]に予言が書かれて伏せて置かれます。何が書いてあるかはまだ見せません。

　マジシャンが観客席から顔を背けている間に、先ほどとは別の観客が赤いデックから自由にカードを1枚選び、それが何であるかを別のインデックス・カードに書きます。彼女が書き終えたら、マジシャンは観客席に向き直り、彼女にインデックス・カードをひっくり返してくれるように頼みます。そこにはクラブのキングと書かれていました。その一方で、マジシャンのほうのインデックス・カードには数字が書いてあるようです……37と。

　マジシャンの指示で、青裏デックを持たされていた観客はデックを箱から取り出し、37枚目までのカードを数えおろしていきます。そしてその最後の枚数目のカード、それこそがクラブのキングなのです！

What You Need
　レギュラー・デックとその箱を1つ（ここでは青裏とします）。
　そのレギュラーのとは違う裏面（たとえば赤裏）のBW・マークト・デックを1つ。
　裏の透けない、予言用のインデックス・カードを2枚か、名刺を2枚。
　Bicの黒のボールペンを1本。そのキャップには細工をしておきます。写真1をご覧ください。キャップの先端を切り落として、普通にキャップをはめているように見えながらも、その状態で文字が書けるようにします。まずスタンレー®のナイフで先端を切り落としたら、紙やすりで外形を整え、あなたの外科的介入が

訳注　ここでは単に、ちょっとした厚紙・紙片くらいにお考えください。

Transparency

目立たないようにしてください。大丈夫、先端を切り取ったキャップは、そんなに不自然ではありません。今日(こんにち)のほとんどのペンキャップの先には、子供の誤嚥による窒息に備え、安全のために穴が開けられています。もし先端に気付かれたとしても、キャップは ── ペン自体も ── 普通のBicのペンだと思われることでしょう。

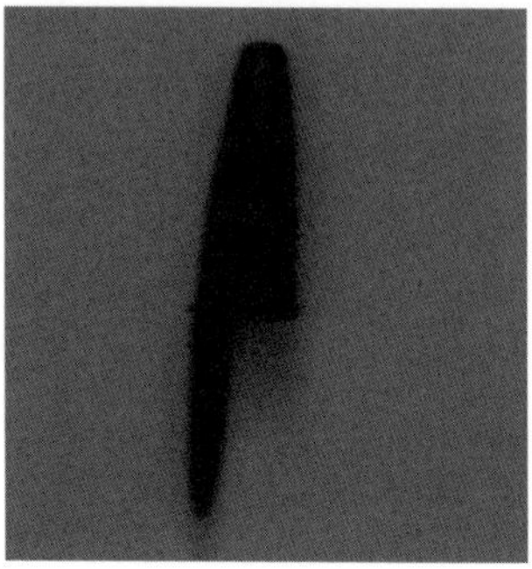

Preparation

レギュラー・デックはBW・メモライズド・デックの順にスタックして、箱に入れておきます。

写真1

BW・マークト・デックは"Double Personality"のところで書いたようにスタックしておきます(サイ・ステビンスの逆順です)。こちらも同様に箱に入れておいてください。

2枚のインデックス・カード(ないし名刺)をテーブルに置いておき、その横に、キャップを自分のほうに向けたBicのペンをセットします。これで舞台の準備は整いました……。

Performance

青裏デックの箱からBW・メモライズド・デックを取り出し、ばらばらのカードであることを示します。そうしたら箱に戻して観客Aに渡し、ポケットに入れておいてくれるように頼みましょう。インデックス・カードに予言を書き込むことを宣言します。

ペンを手に持ちます。そして、うっかり、キャップを付けたままで書き始めてください。そうしたらそこに気付いたかのようにキャップを取り、「キャップが付いてないほうがちゃんと書けますよね」のようなことを言って、なにげなく動作を中断しましょう。それから、インデックス・カードを左手の中で横にして持ち、何か書きつけるふりをしてください。もっとも単純な方法は、ペン先を中指の第一関節に当て、爪をインデックス・カードに押し当ててこすることです。これで、実に説得力のある、"何かものを書いている"という錯覚が生まれるのです。ただし、動作は控えめにしておき、大きく書いてはいけません。また、ペンの動きから読み取られてしまうかもしれないので、何かを実際に"書く"のもやめてください。

何か手早く書き付けたように見せるだけです (このとき、爪を使ってそれっぽい音を立てます) (写真2)。この書く手続きは手早く、3秒以内に済ませるようにします。

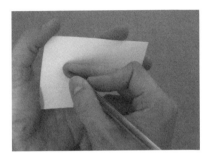

写真2

終わったら、インデックス・カードを脇に、"書いた" 面を下にして置き、実際には何も書かれていないことが誰にも分からないようにします。そうしたらペン先にキャップをはめますが、キャップを完全に押し込んで、先端からペン先が突き出るようにしてください (写真3)。

写真3

スタックしておいたデックを取り出してきて (逆順のサイ・ステビンス)、表の面を観客たちに向けて広げ、シャッフルされた状態であること、それから全部バラバラのカードであることについて簡単に触れます。何度かフォールス・シャッフルやフォールス・カットを行い、"念のために"、観客の1人に最後の1カットをしてもらうことで場を盛り上げてください。

Transparency

　デックを女性の観客Bに渡し、演者は彼女や観客たちに背を向けます。彼女にはテーブルでデックをカットしてもらい、新たにトップになったカードを見てもらってください。彼女はそれを見て憶え、自分のポケットへとしまいます。

　それが済んだら、演者は観客に向き直り、彼女に別のインデックス・カードに描くことにより、選んだカードの複製を作ってほしいことを説明します。そう言いながら、演者はテーブルにあるデックを取り上げて箱の中に戻しますが、このときマークを読み取り、いまのトップ・カードが何であるかをピークします。そうしたら逆順のサイ・ステビンスであることを利用して、選ばれたカードが何であるかを特定します（数に3を加え、スートはCHaSeD並びの次のカードです）。

　そのカードがBW・マークト・デックで何枚目にあるかを計算し、その数（枚数目）を記憶してください。

　そうしたら、観客Bにどういう風に描いてもらいたいかを説明する動作の中で、憶えた数字を密かに自分のインデックス・カードに書き付けましょう。幾重にも施されている素晴らしいサトルティが演者を守ってくれるでしょう。演者は自身のインデックス・カードを手に取り、"書かれた"側を自分に向けますが、縦にして持ち、かつ視線を向けないようにします。キャップの付いたペンを右手に持ち、インデックス・カードに書き付ける"パントマイム"をしてみせましょう。

　これは元の状況と完全に逆になっています。最初はインデックス・カードに何か書き付けているように見えていましたが、実際には書いていません。そして今回は、観客に何をしてもらいたいかを説明するための"パントマイム"にしか見えていませんが、実際にインデックス・カードに書いているのです。カードは縦になっていますので、文字も縦に書かざるを得ません —— それもあからさまな注意を引くことなしに！ —— そしてあなたも、書くことに関してなんらの注意も払っていないように見せなければなりません。となると、実際にこのトリックを演じようとする前には、多少の練習が必要になるでしょう。カードを垂直に持つことは、選んだカードをどのように再出現させるかを説明・明言している状況

写真4

においては、非常に論理的なのです（写真4）。

　ここでは2段階でのアプローチをお勧めします。最初に1文字書いて、一旦止めて、それから2文字目を書くのです。

　ペンもカードも手に持ったまま、観客Bには、もし選んだカードが数札だった場合、インデックスを両方とも描く必要はないし、もし絵札だった場合でも"何となく似ている"程度で描いてくれれば問題ないと説明します。これを言いながら、自分のインデックス・カードに（本当に）書き込むのです。なにげない振る舞いがここではカギになります。一連の流れは、いかにも観客Bの助けになるように行い、彼女に警戒されないようにしてください。この観客Bとのやり取りはもうひとつのミスディレクションを添えてくれるでしょう。ここでの動作のコツを掴むためには本当に"パントマイム"するときの動きを練習し、それから"パントマイムしているという見た目"を保ったまま、実際に書く動作を組み込みます。終わったら、インデックス・カードは左手に縦に、描いたほうを自分に向けて持ちます。

　ペンを観客Bに渡してください。彼女が手を伸ばしたら一旦自分のほうに引っ込めてキャップを外し、先ほどの台詞「キャップ付いてないほうがちゃんと書けますよね」を再度言いましょう。これを行うために、ということでインデックス・カードの持ち方を写真5のように変えます。さらに、ペンはキャップが付いたままですから、演者が予言を書き換えていたはずがない、ということを観客Bに刷り込むことができます。これはクリアな、言葉によらないメッセージですね。

写真5

Transparency

　キャップを外したペンを観客Bに渡し、演者はキャップを自分のポケットにしまって、観客Bが描き終わるのを待ちます。描くのに要している時間に応じて、場合によってはそれがエースなのか絵札なのか、暗に示してしまっていることもありますよ、とおどけたコメントを言いましょう。この間に左手首を返し、カードを水平方向に向けて、書かれたものが演者にだけ見えるようにしてください（写真6）。

写真6

　観客Bが描き終わったら、ペンを受け取って脇にどけます。そうしたら彼女に、これからそれぞれのインデックス・カードを同時にひっくり返して、お互いの記したものを観客のみんなに見てもらうことを伝えます。そして実際そのようにしてください。観客Bのインデックス・カードは演者が声に出して読み、演者のについては彼女に声に出して読んでもらいましょう。観客Bの選んだカードの名前と演者の書いた数字を再度声に出して言い、このトリックの状況についてを要約します。
　— 演者の予言は、観客Bがカードを選ぶ遥か前に書かれていた。
　— 演者はカードの表を一度たりとも見ていないし、うしろを向いていたので観客Bが選んだカードが何かも見ていない。
　— デックはトリックの最初からずっと安全な場所によけてあった。

　メモライズド・デックを持っていてくれるようにお願いした観客Aに、カードを箱から出して、書かれた数のところまで（ここでは37）、1枚ずつカードを数えていってほしいと言います。その枚数目から出てくるカードこそ、観客Bによって描かれたカードなのです！

Notes
　— もし2枚のインデックス・カードをめくったとき、一致していなかったらど

うしましょう？ふざけたタイプの観客B（もしくは意地悪な人や、単に鈍い人）に当たってしまった場合、選んだものとは違うものを描かれてしまうという事態はあり得ます。そのときはその人に、ポケットの中のカードを出してきてもらえば物事の主導権は守れます。トリックを賞賛に値するかたちで締めくくることができますし、観客を優しくあやしつけながら、この状況からもユーモアを引き出すことができるでしょう。

— もうひとつのあり得ること、それは演者が計算ミスをすることです。ですがそこから起こってしまう状況は、演者がどうトリックを終わらせようとしているのかを観客が知らないのであれば、打破しがたい難局とはなりません。メモライズド・デックを渡してくれるように頼みながら、新しいカードのあるべき位置を計算しましょう。まずは書いた数字と位置がどれだけ違うかを特定します。デックを表向きで広げ、適した数（新しく得た数と、書いた数との差）を密かに数え、そこにブレイクを取ります。そうしたらそこでダブル・カットを行い、インデックス・カードに予言した正しい位置へとカードを移すのです。デックを観客に手渡し、カードを予言の数のところまで配っていってくれるように言います。これは元の現象に極めて近い解決策でしょう。デックを手に取ることで手順の直接さに影響を与えてしまうとはいえ、演者にとってまずい状況になっていたことを観客に気付かれることなく、うまくリカバリーができるではずです。

Psy-Show

この手順では、あまり使われていないテクニックを使います。そう、サブリミナル・メッセージです。行動研究と同じように大衆劇場においても真っ先に採用されたものです。サブリミナル・メッセージというのは、一見して知覚できないものであるにもかかわらず、対象者の頭に引っかかり、そこに予想可能なかたちでの影響を及ぼすことができる、というものです。

この手順において、ペンのキャップは実に狡猾な立ち回りをします。最初、観客はあなたがキャップを付けたままで書こうとするのを見ますが、あなたはなにげなく「キャップ付いてないほうがちゃんと書けますよね」と言及するわけです。これは"台詞"ではなく、なにげないコメントとして口をついて出るものなのです。観客には用意された台詞のようには感じられないはずです。なにげなさの中にその効果があるわけですね。この部分は、観客にはほとんど記憶されないでしょう。

Transparency

　お手伝いの観客にペンを渡そうとするときにもその台詞はまた出てきます。ここでも台詞は控えめに言いますが、キャップをしたままのペンでは演者のインデックス・カードを書き換えたりできなかった、ということを、実に巧妙なかたちで観客たちに確信させるものとして働きます。

　サブリミナルというアプローチを使うことで、観客たちの心の中に、ある特定の認識を定着させることができます。あなたの心理的テクニックの武器庫に入れておくことを検討ください。

Miracle!

Effect
　青裏と赤裏の2つのデックを観客に示します。マジシャンは観客Aに好きなほうのデックを選んでもらいます（フォースではありません。ここでは例として、青デックが選ばれたことにします）。自由に選ばれたほうのデックを観客Aに投げ渡し、ポケットに入れておいてもらいます。手品が始まるよりも前に、観客Aが自由にデックを選んだこと、そしてそれがいま彼のポケットに入っていることを、マジシャンははっきりと強調します。

　残りのデック（ここでは赤デック）は、観客Bに手渡し、シャッフルしてもらいます。

　次にマジシャンは観客Cに1〜52の中で好きな数を言ってもらいます（ここでは例として、22と言われたことにします）。そして観客Bから赤デックを返してもらい、観客Bにはその中からカードを1枚選んでもらいます（ここでは、ハートの8が選ばれたことにします）。

　それからマジシャンは、青デックを持たせた観客Aにその箱からデックを取り出させ、22枚目までカードを数えていってもらうと、そこにハートの8があるのです！

Preamble
　このトリックはいわゆる "Any Card at Any Number[訳注]" トリックであり、1933年に出版された『Al Baker's Book One』にある、アル・ベーカーの手順、"A Card and a Number" に触発された、私のバリエーションです。マークト・デッ

訳注　カード・トリックのプロットのひとつ。観客の1人が1〜52の数を、別の1人が好きなカードの名前を言い、そのあとでデック（演技の初めからテーブルに置かれていることが多い）を取り上げて配っていくと、1人目の言ったその枚数目から、もう1人の言ったカードが出てくるというもの。

クを使用することで演技は極めて洗練されたものになり、またカードが選ばれるときにも自由、そして演者もカードの表を一切見ないということが可能になります。マークト・デックを使うことによるメリットによって、手品をしない一般の方たちにも、マジシャンたちにも、この手順は本当の"奇跡"に見えます。

What You Need

　青裏のBW・マークト・デックを1つ。
　赤裏のBW・マークト・デックを1つ。

Preparation

　どちらのマークト・デックも、BW・メモライズド・デックの順序にカードをセットしたあと、それぞれの箱にしまってテーブル上に出しておきます。

Performance

　演者はカードの箱に入っているデックを2組示し、運動神経がよさそうな観客にあたりをつけてそちらを向きます。その観客Aに2つのデックの片方を自由に選んでもらい、観客Aがスポーツをするかどうかを尋ねます。観客Aの返事に応じて短くコメントし、その人に「反射神経が鋭いか試してみましょう」と言ってください。「いち、にの、さん」と素早く数え、選ばれたデック（例では青デック）を、観客Aに向かって放り投げます。観客Aは、そのデックを空中でうまく受け取ってくれるでしょう。そして観客Aにはそのデックをポケットにしまっておいてもらいます。まだ演技が始まる前から、何かが起こるよりも前から、デックは観客のポケットの中に入れておいてもらったという事実を、演者は観客全体に向かって強調します。

　残ったほうのデック（ここでは赤デック）を取り上げて箱の中から出し、すべてのカードが異なっていることを示します。このデックを隣の観客Bに渡し、演者が止めるまでずっとシャッフルし続けてもらいます。その間、別の観客Cに、1〜52の中の数を1つ言ってもらいます（ここでは、例として22と言われたとします）。

　観客Bがシャッフルを続けている間に、演者は観客Cに言われた数の枚数目にあるカードを計算、特定します。その計算は、「なぜこの数字を選びました？」、または「その数字には特別な意味があるんですか？」というような軽い会話を行うことでカバーしましょう。スタックト・デックの計算は単純なものですから、そのくらいのカバーで十分です（ここの例では22が選ばれたので、そこにあるの

はハートの8です)。

　心の中でカードをはっきりと特定したら、観客Bのシャッフルを止めさせ、そのデックを返してもらいます。裏向きのカードをテーブル上にスプレッドし始めて、ターゲット・カードのスート位置を目で追って探していきましょう(この例ではハートの8なので、レベル2の位置になります)。スプレッドしながら観客のカードを探しつつ、シャッフルされたのでカードの順序は誰にも分からない、というコメントをしてください。これは、観客にカードが混ざっていることを納得してもらいながら、目的のカードを探す時間を稼いでいるのです。

　青デック内の指定された場所のカードに対応するカードを見付けたら、今度はそのカードをフォースする必要があります。ここでは非常に効果的なフォースが使えます。まずはスプレッドしたカードを集めますが、ブレイクは作らず、フォースしたいカードのある場所を大体でいいので推定します。そして、デックをカットして重ねますが、このときフォースするカードが上から大体5枚目から10枚目の間になるようにしてください。

注：フォース・カードがそれよりも多少下に来てしまっても大きな問題ではありません。上にくるカードの枚数は少なすぎるよりは多すぎるほうがいいでしょう。しかし、5枚目から12枚目の間にあるのが理想的です。

　カードを裏向きでスプレッドして、トップ付近にあるフォース・カードを、そのマークの位置(ハートの8なのでレベル2)を見て探します。演者は観客Bのほうに向き直りながら、"The Ideal Effect"で解説したようにそのカードをカルし、スプレッドの下へと移します。

　両手の間でカードをスプレッドしながら、観客Bに1枚のカードを指先で指し示すように頼みます。観客Bがカードを指差したらすぐ、そのカードを左手親指で右に押し、それより上のカードと一緒にしっかりと右手で掴んでください。そして、その場所でスプレッドを分けると、観客Bが指差したカードが、上側のパケットのボトム・カー

写真1

Transparency

ドになったように見えます（写真1）。

ですがこの動作の裏では、観客Bに指差されたカードが、フォース・カードとその他のカードの束の間に自動的に差し込まれています（写真2は下から見たところ）。この例では、観客Bが実際に指差したハートの2は、フォースしようとしているハートの8の上になっている状態です。

写真2

左手で持っているカードを垂直にするために手首を右へと捻り、それと同時に両手を観客Bの目の高さまで上げながら、右手のカードの側面を左手のパケットの裏面に軽く打ちつけるようにして揃えます。この一連の動作が終わったとき、観客Bには1枚のカードだけが見えていて、それは観客Bが自分が指差したと思っているカードなのですが、実際にはフォース・カードなのです（写真3）。

写真3

注：たとえ誰かがこのフォースの原理を知っていたとしても、演者はカードの表を全く見ていませんので、フォースするのは不可能に見えるはずです。そもそも、どうしてこの特定のカードをフォースする必要があるというのでしょうか？

観客Bに、見たカードを記憶するように頼んだら、そのカードを指先で少し左に押し出して観客Bに取らせ、周りの他の観客たちに見せてもらいます。さらに、ここではトリックに影響がないので、そのカードは演者が見ても大丈夫だと言います。

技術的な面からいえば、演者にとってこのトリックはほぼ完了しています……が、観客にとっては、これから始まるかのように見えています。

観客Bに、選んだカードを声に出して言ってもらいましょう。そして、カードの表を他の観客たちに向けて持ってもらいます。観客Bが自由にシャッフルしたデックの中からカードが選ばれたこと、そして演者はデックの表を見ていないため、

何のカードが選ばれるか知りようがなかったことを強調します。

そして、観客Cに、演技の最初で自由に選んだ数をもう一度言ってもらいます。そして、この数字もまた演者が前もって知ることは不可能だったことを強調してください。

ポケットに青デックを入れている観客Aに前に出て来てもらいます。箱からカードを取り出してもらい、観客Cに言われた数まで、カードを1枚ずつ裏向きで配っていってもらいましょう。観客Aが最後のカードを手に取って配ろうとしたところで止めさせ、そのカードを裏向きで持ったままにしてもらいます。演者はそのカードに触れてはいけません！演者はデックのそのほか51枚のカードの表を見せ、すべて異なっていること、そして22枚目の場所のカードはそれ1枚だけであることを強調します。観客Aにそのカードを表向きに返させ、観客の皆に示してもらいます。そのカードもまた、ハートの8なのです！！

Psy-Show

このテーマは特に新しいものではありません。"Any Card at Any Number" プロブレムは、私の本[訳注]、"ACAAB (Any Card At Any Birthday)" を含めて、様々な角度から検討が加えられてきたものです。本作でのアプローチには、以下の強みがあります：演者はカードの表の面を見ないこと、デックを観客に自由にシャッフルしてもらえること、そして演技後にはデックを検めさせられること。

観客たちの記憶を操作することで、この手順の効果を最大限に引き出すことができるでしょう。どのようにして望ましい方向へと"誘導していく"か、いくつかアイディアをご紹介します。

観客に何でもいいので数字を言ってもらうとき、これは明らかに自由な選択です（あくまで1～52の間でです。観客が52よりも大きい数字を口にしたときだけは要注意ですね）。

カードを選ぶプロセス、これも理想的には自由に見えているでしょう。シャッフルにも何ひとつ制限があったようには感じられません。観客Bに、演者がストップと言うまでシャッフルを続けてくれと頼まなくてはならないのはこのためです。

訳注　本作は2016年現在、ワン・トリック商品DVDとしても販売されています。

これにより、興味深い結果が2つ出てきます。

- 観客Bは、シャッフルすることに早々に飽きてしまい、演者が止めてくださいと言うよりも前に止めてしまうか、もしくは違った方法を試そうとしてカードを何枚か取りこぼしてしまったりするでしょう。こういった状況はおかしみを作り出し、あなたの演技にも役立てることができます。

- 一部の観客が、後にこの手順を再構築しようと試みるとき、デックは本当にシャッフルされていたという事実に疑念を抱くかもしれません。しかし彼らは、デックが何度もシャッフルされたこと、マジシャンがストップさせる前に観客Bはシャッフルを止めたこと、何枚かカードを床に落としたりもしたことを思い出すでしょう。とすると、観客Bは自由にカードを選んでいなかった、と考えるのは不可能になってしまうのです。おまけに、青デックは最初から観客のポケットに入っていて、最後に観客がそれを数え終わるまで演者はそれに触りもしていませんでした。これらを考えれば、このトリックが観客たちに対して極めて大きな驚きを与えるものになることは、皆さんにも確信して頂けることでしょう。

X-Rays

Effect
　マジシャンはデックを取り出してたっぷりとシャッフルし、お手伝い役の観客が決めた場所でカットしてからデック全体をテーブルに置き、トリックが終わるまでそれには触らない旨を宣言します。彼女にデックの上から適当なかたまりを持ち上げさせ、それをマジシャンには見せないように箱に入れてもらいます。同様に、テーブルに残ったパケットもマジシャンが見ることができないよう、マジシャンのポケットにしまってもらいます。これが済んだら、マジシャンは奇抜な見た目のメガネをかけ、これにより物体を透視できるのだと言います。少なくともデックやカードの箱程度なら！マジシャンは閉じた箱をじっと見つめ、そして数字を1つ言います。「19」と。彼女が箱からカードを取り出し、1枚ずつ数えていきます。箱の中には本当に19枚のカードがありました！

　ですがまだ終わりではありません。マジシャンは歩いて距離をとりつつ、先ほど配ってくれた女性に、テーブル上のカードを取り上げて1枚ずつ配っていって、好きなところで止めてくれるように言います。ストップをかけたところの1枚を箱の中にしまってもらいます。もう一度、マジシャンはやりすぎ感溢れるメガネをかけなおして、箱を見つめます。そしてこう言います。「黒いカードで……スペード……スペードの4です！」

　もちろん、メガネは最後に検めさせることができます。何も見つかりませんけどね！

What You Need
　BW・マークト・デックを1つ。
　奇抜な見た目のメガネを1つ。例えばカラー・レンズ入りのとかです。もしお好みなら、3D映画を見るときのやつでも構いません。

Transparency

Preparation
　マークト・デックをメモライズド・デックの並びにしておきます。
　デックは箱に入れておき、面白メガネはポケットに入れておいてください。

Performance
　デックを箱から取り出し、箱はお手伝いしてもらおうと思っている観客の方の近くに置いておきます。

注：その観客は、あなたの右側にいる人にしてください。

　さらっとデックを見せ、普通のシャッフルされたデックであることを示します。そうしたら、これからちょっと普通じゃないことをお見せする、という旨の台詞を言いながら、フォールス・シャッフル（例えばグラヴィティ・シャッフルなど）を一通り行ってください。好きなだけコンプリート・カットをしても結構です——クラブの4（スタックの最初のカード）が、デックのどのあたりにあるかだけちゃんと分かっていればそれで大丈夫。

　シャッフルされた状態であることを示すため、デックの表を観客に見せるように広げます。このタイミングで裏のマークを見て、クラブの4がどこにあるのかを特定できますね。スプレッドを閉じるとき、クラブの4の上に左手小指でブレイクを取ってください。

　デックを左手ディーリング・ポジションで持ったまま、デックの左外隅を左手親指でリフル・ダウンしていきます。お手伝い役の観客には「ストップ！」と言ってもらってください。彼女がストップをかけたら右手をデックの上からかけ、ブレイクのところから持ち上げます。右手の4指でデックの前端をカバーし、かたまりの実際の厚みを隠すようにします。そうしたら、持ち上げたかたまりをデックの残りの下に差し入れ、全体を綺麗に揃えましょう。この手続きでカットを無効化し、デックを元のスタックの並びへと戻しているのです。

　デックを彼女の正面に置き、トリックの終わりまで、演者はこのデックには触らない、と言います。デックから顔を背けて、彼女に以下の指示を伝えてください。
　— カードのかたまりを取り上げる
　— それを箱にしまう
　— 箱のふたを閉じる

彼女がやり終えたら、演者は振り返り、テーブルに残ったデックのトップ・カードをほんの一瞬だけ見ます。カードを特定したらすぐ体を背けてデックを指差し、彼女に「その残ったカードは私のジャケットのポケットにしまってもらえますか？そうすれば私はそこから手がかりを得ることもできませんし」と言いましょう。

まだ視線は外した状態で彼女へと近付き、彼女にデックの残りを演者のジャケットのサイド・ポケットに入れてもらいます。そうしたら観客たちのほうを向き、彼女にはお礼を言いましょう。ジャケットのポケットからメガネを取り出してください。そうしたら、このメガネには極めてユニークな特殊性があるのだと説明します。「これを掛けると、なんと物体を透視することができるようになるのです。なお、ご婦人がたの衣服を透視するようには設計されておらず、あくまでマジック目的のみに、利用は厳しく制限されています」と付け加えましょう。それでは実際にお見せしましょう、と言います。

メガネを掛け、箱の縁をじっと見つめます。視線を少し左へ右へと動かし、あたかもよりよく見えるように試行錯誤しているかのようにしましょう。これをやりながら、先ほどのカードを数字に変換し、さらにそこから1を引きます（例えば、カードがダイヤの5だった場合、演者はそれに対応するのが20枚目と分かっていますので、19が演者のターゲット・ナンバーになります）。

少しの間もごもごと呟いたら（そして計算を済ませたら）、数字を言います。「19」と。

箱の中のカードを透視して数えてみたところ19枚だったと説明し、彼女には箱からカードを全部出して、それを1枚ずつテーブルに配って1つの山にしながら数えていってくれるように頼んでください（これにより、カードの並びを逆順にします）。そして演者の宣言通り、カードは19枚であることが示されました。

次のフェイズです。このとき、演者はテーブルから距離をとりますが、彼女があなたの視界の中にとどまるようにしてください。彼女には取り出した山を持ってもらい、テーブルに1枚ずつ配り始めてもらいましょう。彼女がこの最初のカードを配るときに、演者は心の中で「19」と思ってください。続けて、「18」……このようにして、彼女が配るのをストップするまで続けてください。配るのが止まったら、彼女にはいま配った最後のカードがいいか、それとも次に配られるはずのカードがいいかを聞きます。彼女の選択に応じて、その番号をきちんと憶えておいてください。彼女にはそのカードが何か、見て憶えてもらい、済んだらそれを箱に

Transparency

しまってもらいましょう。そして箱のふたもきちんと閉じてもらいます。

　テーブルに配ったカードをまとめて取り上げてくれるようにお願いし、彼女や残りのカードは本当に見ないようにしながら、テーブルに再び近付きます。先ほどと同じ位置に戻り、残っているカードを、これも先ほどと同じように、彼女に演者のジャケットのサイド・ポケットへと入れてもらってください。顔を彼女のほうに向け、そしてお手伝いしてくれたことにお礼を言いましょう。

　メガネを取り出して掛け、箱をじっと見つめます。このじっと見つめるところを活用して、先ほど得た数字をカードに変換しましょう。ここでは例として11とすると、それにあたるカードはスペードの4になります。

　少し間を取ったあと彼女に、カードを箱に入れたとき、表向きだったかどうかを聞きます。ほとんどの場合、答えは「NO」でしょう。そうしたら彼女に箱をひっくり返してもらってください——演者はデックに触れないようにしたいですからね。彼女がひっくり返してくれたら、ふう、とため息をつき、そして「これでずいぶんと簡単になりました！」と大きな声で言いましょう。

　中のカードの色、スート、そして数字を連続して当てていき、まとめるとスペードの4であることを宣言しましょう！彼女に、そのカードを箱から取り出して他の観客たちみんなに示してもらいます！すぐにメガネを彼女に示して、これで透視ができるかを聞いてみましょう。もちろん、彼女にはできないのですが！

Psy-Show

　手順の最初、デックをテーブルに置くとき、「演者はデックに一切触りません」と宣言します。これは、トリックはまだ始まっておらず、ここまでデックを操作していたのはトリックの一部ではない、ということを暗に言っているのです。このようにして観客の記憶に刻み込むことで、演者は本当にデックに触らなかったかのように、観客に強く信じさせることが可能になるでしょう。

　お手伝い役の観客に物理的に近付くときは、カードを演者のポケットに入れてもらう、というお願いをすることがその動機付けになっています。これにより、特定する必要のあるカードが見えるところまで、簡単に近づくことができるのです。

　演者のポケットをカードの入れ場所にすることで、手続き全体がフェアで公明

正大なものになっています。加えて、1枚を除いて全部のカードがポケットに入ることで、観客の詮索好きな目から、スタックの存在を隠すことにもなります。さらに、これは演者としてはデック・スイッチを行うのに絶好のポジションでもあります。それに、使わないカードを演者のポケットにしまうことで、テーブル上にはカードの箱以外何も無いという、極めてクリアな現象にもなりますしね！メガネも本当に魔法的なものであるかのように見えることでしょう。

　このメガネはミスディレクションを効かせ、観客たちを実際の手法から遠ざけてくれます。カードではなく道具に注目させるこで、疑いの目はメガネへと向くことになるでしょう。マークト・デックと併せて"特別な見た目のメガネ"を使うという逆説は、観客を楽しませることにも役立ちますし、演者の甘美な背徳感も倍増させてくれることでしょう。

Pure Telepathy

Effect

　マジシャンはデックを示し、それをシャッフルしてテーブルの正面にいる観客Aの前に置きます。そしてマジシャンはうしろ向きになり、観客Aにデックの好きな場所でカットして取り上げさせ、そのパケットの底のカードを見て憶えるように言います。それから、憶えてもらったカードをその他のカードの中に混ぜこんでしまうために、手に持ったパケット全体をシャッフルさせ、終わったらそのまま持っていてもらいます。

　その間、観客Bにはテーブル上に残っていたカードを取り上げさせ、それをカードの箱の中に入れてふたを閉じてもらいます。

　すべての事柄が終わったら、マジシャンは再び観客Aへと向き直ります。そして、もう必要ないということでカードの箱をポケットへと無造作に入れてしまいます。続いて、観客Aが持っているカードを受け取り、1枚ずつ示していくと説明します。そしてマジシャンがこれを行っている間、観客Aには1枚1枚のカードを、表情を変えずに見てほしいと頼むのです。憶えたカードを見ると、心の変化が強く生じるはずなので、その動きによって選んだカードがどれなのかを読み取るのだ、と言います。

　マジシャンはカードの表は一切見ず、一言も発さずに観客Aが持っていたパケットを受け取り、彼女の目を見つめながらゆっくりと、1枚ずつカードを示していきます。

　無言のまますべてのカードを見せ終えたら、カードを少しずつテーブル上（または床）に落としていき、2枚のカードだけを手元に残します。マジシャンは精神を観客Aの目に集中し、片方のカードを落とし、最後に1枚のカードだけを残

します。そのカードこそ、観客Aが選び、いま心に思っているカードなのです！

What You Need
BW・マークト・デックを1つ。

Preparation
BW・マークト・デックをBW・メモライズド・デックに組んでおきます。そのデックは裏向きにして、ふたを開けたカードの箱と並べてテーブルに置きます。これで準備完了です。

Preamble
この"Pure Telepathy"は、BW・マークト・デックを使った私の大好きなトリックです。これは、もっとも純粋で、もっとも美しく、そして私が知る中でもっとも不思議に見えるカード当てです。適切に演じれば、これ自体が1つの演し物になる、そんな小さな宝石のようなトリックです。私はこれをフランスのTV番組"ル・プリュ・グロン・キャバレ・デュ・モンド (Le Plus Grand Cabaret du Monde)"で演じたことがあり、それを誇りに思っています。

私が世界中で演じてきたのと同じように、皆さんにも"Pure Telepathy"を演じ、楽しんでほしいと願っています。また、この小さな奇跡が皆さんの演技の成功に貢献することを願っています。そして、私が演じてきたのと同様、皆さんが多くの人々を感動させることも。

Performance
演者はデックを取り上げ、表を観客側に向けて素早くスプレッド、すべてのカードが異なっていることを示します。両手を下げてカードを揃えたら、演技の前に観客に向かって話をしながら、"グラヴィティ・シャッフル"を行います。

フォールス・シャッフルが終わったら、デックを裏向きで女性の観客Aの前のテーブル上に置きます。そして、これから観客Aにしてもらいたいことを、演者は言葉と動作によって説明していきます。まず、演者はこれからうしろを向くので、観客Aにデックの一部を持ち上げ、そのパケットの底のカードを見て記憶するように言います。

演者は以下を説明しながら、実際にその通りにやってみせます：まずデックの

197

Transparency

　真ん中あたりでカットし、そのカットしたパケットの底のカードを示します。そのカードを見て記憶に焼き付けたら、他の観客にもそのカードを示すように、と言いましょう。

　さらに説明を続けます。そうしたら手に持っているパケットをシャッフルして、憶えたカードがどこにあるか分からなくしてほしい、と言います。このとき、演者は手に持っているカードで、オーバーハンド・シャッフルをするジェスチャーを行ってください。本当にシャッフルしてはいけません。

　最後に、演者が再び観客のほうを向くまで、観客Aには取り上げたパケットを手に持ったままでいてほしいと言います。そうしたら、テーブルの近くにいる別の観客Bにも、あとで少しだけ手伝ってほしいことがあるので、そのつもりでいてください、と伝えておきましょう。

　演者は、手に持っているカードをデックの残りの上に戻します。そして、観客に向かって、好きな枚数のカードをカットしてくれるように言いますが、そのカットが4〜5枚のカードだけだと簡単過ぎて面白くなく、かといって51枚のカードをカットして取ってもらったりしても、演技時間が長くなりすぎてしまう、と言います。なので、ぴったり半分のカードを取り上げてくれとは言わないけれど、ある程度の枚数のカードがあるほうが、観客にとっても演者にとっても面白くなりますよ、と。

注：観客Aがどんな枚数のカード（1枚〜52枚まで）をカットしたとしても、このトリックは必ず成功します。しかし、カードの枚数が少ないと演者の挑戦意欲が掻き立てられませんし、また多いと、カードを観客に見せていくところで現象のリズムが失われるでしょう。そのため、手順のプレゼンテーションを最適化するためにも、この点を観客に細かく説明しておくのはとても有益です。

　演者はうしろを向く前に観客Aの目を見つめて、「私はこのあとうしろを向きますが、観客の皆さんがあなたのことをご覧になっていますよ」と言います。この最後の台詞はユーモラスに言いますが、これは観客Aには責任があり、演者がうしろ向きになっている間に言われたこと以外をしてはいけませんよ、ということを意識させる、非常に大切なものです。観客たちが観客Aを監視する目は、彼女が自分勝手に行動することにブレーキを掛けてくれますし、観客Aも演者の説明や指示を真剣に実行してくれるようになるはずですから。

演者は観客Aに背中を向け、声に出して観客Aに頼んだ指示を繰り返します。「デックの一部を持ち上げて、その一番底のカードを見てください。そして、そのカードを憶えてください。大変重要なことです。よければ、そのカードを他の観客の皆さんにも見せてあげてください。そうしたら、手に持っている分をシャッフルして、憶えたカードがどこにあるか分からなくしてください。終わったら裏向きのまま持っていてください」と言います。

まだ演者がうしろを向いている間に、テーブルの近くに座っている観客Bに言って、テーブル上に残っているカードを取り上げてカードの箱の中に入れさせ、ふたを閉じてもらいます。

2人の観客が操作を終えたか尋ねて、終えていたら演者は再び観客のほうへと向き直ります。

カードの箱を見ないで取り上げ、もう必要ありませんので、と言いながら自分のポケットにしまいます。そうしたら観客Aに向き直って、演者は彼女の持っているパケットをすぐに受け取り、これから1枚ずつ見せていくと説明します。演者は、「あなた（観客A）には1枚1枚すべてのカードを表情を変えずに見ていってもらう必要があるのですが、選んだカードを見たらきっと心の中で動揺が走るでしょう」と。「気を付けてください。表情にも、目にも、何も表さないようにしてほしいのです！ですが、たとえ何も表さなかったとしても、あなたの心の中の動きが十分に強いものであれば、私はそれを感じ取り、どのカードを見て憶えたのか、分かるはずです」と言います。

演者は手を差し出して、観客Aが持っているカードを渡してもらいます。静かにパケットを受け取りますが、体から離して持ち、またそれに視線を向けることもしません。演者は腕を多少伸ばしたままにして、カードで何も怪しいことをしないようにします。これまでにカードの表を見ていないという事実と、このあとも決して見ないことを強調しましょう。そして、これから先、演者は観客Aに対していかなる質問もせず、その上、演者も彼女も双方一言も発しないようにする、ということを述べてください。

注：ここから先は、最後までずっと沈黙を保つか、演技に合った心地良い音楽を流して、選ばれたカード以外を床に落として取り除いていく最後の場面を盛り上げるようにしてください。

Transparency

　演者はカードを持っている左手を観客Aに向かって上げ、1枚目のカードを右手で取り上げます。そのカードの表を彼女に見せ、演者は心の中で"1"と数えます。次のカードを1枚目のカードの表側に取り、そのカードの表を客に見せて、心の中で"2"と数えます。残りのカードでも同様の操作を続けます。カードを左手から右手に移して彼女に見せながら、密かにカードの枚数を数えていくのです。もちろん、観客Aが取り上げたカードの枚数や、あなたの実現したい演技のリズムに応じて、一度に2～3枚を彼女に見せることも、必要とあらばやって頂いて構いません。そのような場合でも、示したカードの枚数を頭の中のこれまで数えた数字にきちんと加えてください。

　観客Aにカードを示すときは、相手の顔に精神を集中させ、その目から何かを読み取ろうとするかのように、定期的に間を取るような演技をするといいでしょう。

　この操作の間に何が進行しているのか、皆さんはもうお分かりでしょう。必要なことは、観客Aが何枚のカードを演者に渡したかを数えることです。BW・メモライズド・デックの公式その1を使えば、カードの枚数に対応したカードの名前が分かります。信じようと信じまいと、あなたがいま計算したカード、それこそが観客Aの思っているカードなのです。観客Aは取り上げたパケットのボトム・カードを見ていますね。ということは、パケットのカードが21枚ならば、観客Aが見たカードは21枚目のカードとなるわけです。この枚数目のカードは、BW・メモライズド・デックの計算を行えば何のカードであるか分かります（21枚目の場合なら、クラブの9ですね）。

　すべてのカードを見せ終えたら、間を取ってから目の高さでカードの表を観客Aに向けて広げます。そして、選ばれたカードをスプレッドの中で探すのではなく、それ以外のすべてのカードを次々と捨てていきましょう。このとき、選ばれたカードに対応するマークのレベル（クラブの9の場合はレベル1の位置）にのみ集中し、そこにマークが見えなかったときや数が9でなかったときには、それらを単に落としていきます。演者は観客Aの目の前でカードを持つようにします。演者は、実際にはカードの裏のマークを見ているのですが、他の観客たちからは、正面の観客Aの目を見つめているように見えるのです。

　1枚目のカードを床に落とすと、観客Aを含めた観客たちは非常に驚きます。最初は、演者が意図してそうしたのだろうとは思わないでしょう。しかし、演者が次々とカードを落としていくにつれ、それはカードを取り除いていっているの

だと全員が認識し始めます。カードを落とすときは一定のリズムを保ち、身振りもはっきりと美しく、まるで花びらが1枚ずつ舞い落ちるかのように行ってください。カードがどこに落ちるかは気にする必要はありません。なお、テーブル上に落とすよりも床に落としたほうが、クライマックスの情景が引き立って見えます。

　残りのカードが少枚数になっても選ばれたカードが見付からない場合、まず対応するマークのレベルを見ていき、観客の選んだカードの正確な位置を確認しましょう。それ以降は、見付けた観客のカードをしっかりと保持し、絶対に落とさないように注意しておきます。そうしたら演者は両手を下げ、観客Aの顔全体が見えるようにしてください。ここでは、もう手元のカードは見ないようにして観客Aの顔を見つめ、持っているカードを次々と落としていって2枚のカードだけが残るようにします。その2枚のカードは、観客が選んだカードと、関係のない別のカードです。

　それらのカードを1枚ずつ、左右の手に持って観客Aに示します。演者は2枚のカードの両方から強く何かを感じて戸惑い、どちらが選ばれたカードであるか判別できないかのようなふりをします。ここで、さも運に身を任せて適当に1枚捨てるかのように、観客のカードを持っているほうの手を下げますが、急にその気が失せてしまいます。つまり、こちらこそが選ばれたカードに違いありません！直ちにその手を上げ、深く息をし、少し肩を上げることで、少し前に失った感覚を取り戻したかのように演じます。それと同時に無関係なほうのカードを床に落とし、選ばれたカードを観客Aの顔の前へと持っていきます。それが正しいカードであることを観客Aが確認し、それに対して演者は頷きます。そして、そのカードを他の観客たちにも示し、手伝ってくれた観客Aに対しても深く感謝をしましょう。

Psy-Show

　演者がうしろを向いている間に、デックの中から1枚カードを見てもらう。デックはシャッフルされ、見えないところに隠される。そして演者は再び観客のほうへと向き直るが、カードを見たり、何か質問することもなく、見てもらったカードが何なのかを当てる——この明瞭さゆえに、本作のインパクトは非常に強いものです。

　演者が使っていた手法を導くような手がかりがなにひとつ無いため、カードを当てるところは極めて強力です。このクライマックスはとりわけ強烈な瞬間となりますから、注意を払って扱う必要があります。

Transparency

　私の場合は、カードを観客Aの前で広げ始める前のタイミングでBGMを流すようにしています。ロマンティックな映画のサウンドトラックから、静かなピアノ曲を持ってきました。音楽を使えば、必ず演者と観客との間にロマンティックな空気が流れるのです。情熱的な視線が交わされ、背徳的に微笑みあえば、あなたの創り上げようとしている親密な雰囲気は必ずや強まります。私は実際いつも、手伝ってくれる方と自分、2人だけの空間を創りあげようとしているのです。また、一言も口にしないということが、この状況の劇的さをより際立たせています。観客たちが見ているのは、単なるカード・トリックではなく、マジックと感情とが真に渾然一体となった特別な瞬間であり、彼らはそういう場面に立ち会ったのです。

　最後に。心に留めておいて頂きたいとても大切なこと、それは彼女が思っているカードを"物理的に"見つけることが重要なのであって、それが何であるかというのはさしたる問題ではない、ということです。実際、あなたは自身の深層から次のようなことを聞いている風を装っています。曰く、「いま彼女の目の前を通り過ぎたこのカード、これこそが彼女の選んだものだ」と。もしこれが本当にできたとすると、観客がそのカードを見たときの感情を感じ取ることで、彼女が"どのカードを選んだのか"は知ることができるでしょうが、"その表の面に何が印刷されているのか"までは分かりませんよね。ですから、そのカードが何であるか、というのはこのトリックのゴールではないのです。選ばれたカードが何かを最後に言い当てるマジックとしてではなく、すこし前に彼女が見たカードはこれじゃないだろうか、と推測する実験として演じるのです。そして、私はいつも、カードを当て終わってからカードの表を見るようにしています。それが何であったのか、興味が湧いたかのように。

　この手順の最後では、観客の目から何かを感じ取っているかのように演じるのと同じく、心の中のモノローグが非常に重要になります。最後に2枚のカードが残るところがそれに関する完璧な例になります。演者は、自分のやっていることが完全に"本当のこと"であるかのように、いうなれば断じてトリックなどではないものとして演じなければなりません。ですがここでは、それはまったく難しいことではありません。このトリックは実に純粋で、本物の魔法にしか見えず、あなたの演じているものと"本当のこと"は、非常に近い見た目になっていますからね。

チャプター5

Miracles with a Touch of Improvisation

Inexplicable

Effect
マジシャンは大きなホワイト・ボードに予言を書き、その予言が見えないようにしてテーブル上に置きます。観客に1組のデックを手渡して満足のいくまで検めさせ、シャッフルしてもらいます。そのあと、デックを裏向きでテーブルに広げ、観客の希望に従ってスプレッドからカードを順に減らしていきます。何度か続けて自由にカードを減らしてもらい、最終的に1枚のカードが残ります。たった1枚だけ……。それが演技が始まる前にマジシャンがホワイト・ボードに書いていた予言と一致しているのです！

What You Need
BW・マークト・デックを1つ。
大きなホワイト・ボードを1枚。
ホワイト・ボード用の黒いマーカーを1本。

Preparation
特にありません。

Performance
注：このトリックの現象は、ダイ・ヴァーノンによる"The Trick That Cannot be Explained（説明できないトリック）"と同じです（そちらは、1972年に発行されたシュープリーム社刊、ルイス・ギャンソン著の『*Dai Vernon's More Inner Secrets of Card Magic*』に掲載されています）。ヴァーノンはそのトリックを大変好んで演じていましたが、これを演じるには、即興の才と共に、与えられたすべてのチャンスを活かす能力が必要とされます。

このトリックには、定まった解説がありません。トリックの名前からして

Transparency

"Inexplicable（説明できない）"ですからね。演者は最初に予言しておいたカードが最後に1枚残るように、観客とその場の状況をうまく利用しなくてはなりません。本作では、BW・マークト・デックを使用することで、より簡単に、そしてより強烈にヴァーノンの現象を演じることができます。マジックに大変詳しい観客、そして多くの友人のマジシャンたちでさえ引っ掛けることができることをお約束しましょう。

このトリックでは、観客の所作ひとつひとつを追いながら、ターゲットのカードへと導いていく用意をしておかねばなりません。そして、どうにかして観客にそれを選ばせるのです。このとき、観客には強制されているように感じさせてはいけませんし、その操作は前もって予定された筋書きの通りで、トリックの流れ（シナリオ）はここ以外でも常に同じものであるかのように思わせなければなりません。しかし実際は、演者の行動はすべて、起こった物事への即興対応なのです。つまり、演者がカットやシャッフル、カードのスプレッドをより多く行うほど、予言しておいたカードの位置を知ったり、そのカードへと観客を導く最善の方法を見付けたりする機会が増える、ということですね。

私がよく使う演じ方を紹介しましょう。まずデックを観客に渡してシャッフルしてもらい、その間に演者はホワイト・ボードに1枚のカードの名前を書きます（ここでは例として、見つけやすい"クラブの10"とします）。そして、ホワイト・ボードの表を下に向けてテーブル上に置きます。大抵の場合、私はこれの前に演じていたトリックが終わって観客が拍手をしてくれている間に、予言するカードに密かに軽くブリッジをかけておき、カットしたときにそのカードが現れやすくしています（写真1）。

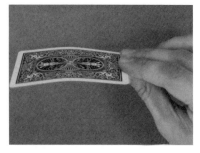

写真1

観客がシャッフルを終えたらデックをテーブル上に置いてもらいますが、その動作の途中で密かにデックのボトム・カードを見ておきます。それからデックのトップ・カードのマークを読み取ります。トップにもボトムにも予言したカードがなかった場合には（ほとんどの場合はそうですが）、観客にデックをカットして重ねるように頼むことで、もういちど予言したカードが現れるチャンスを作りましょう（特に、

前述したように予言したカードにブリッジがかけてあれば、その確率は高まります)。

　これでも予言したカードが出てこなかったら、演者はデックを裏向きでスプレッドし、マークを見て予言したカードがどこにあるか特定します。指を伸ばして手を広げ、スプレッドの上空15cmほどのところで、手を左から右へと移動させていきます。そして観客にもすぐあとで同じことをしてもらう、と説明します。手の動きを止めたら、観客に同じことをしてくれるように頼んでください。なお手の動きを止めるとき、私はいつも、ちょうど予言のカードの真上で止めるようにしています。そうしてから観客に演者と同じ動きをしてもらうと、信じられないことに、大多数の観客も正確に同じ場所で手を止めてくれるのです。すべての指を伸ばしてもらい、デックもあまり大きく広げすぎないようにしておけばより簡単です (写真2)。

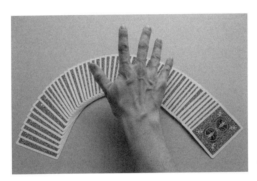

写真2

　観客が、予言したカードの上で手を止めてくれたら、その手を下げさせ、スプレッドの上に手をのせてもらいましょう。もし観客の手の真下には予言したカードがなく、位置が少し外れている場合には、観客が手を下げる前に指をできるだけ大きく広げるように頼みます (観客は決してすぐには手を目一杯広げたりはしないものです)。場合によっては、観客の手を演者が持って、テーブルのスプレッドへと下げていきますが、このとき真っ直ぐに下げずに、演者が望む方向に少しだけずらすこともできます。観客の手が予言したものを含むカード群を押さえたら、その手の下のカード全部を観客のほうに引き寄せてもらってください。演者は観客に向かって、引き寄せたカードをシャッフルするように頼みながら、テーブル上に残ったカードを集めて脇に置きます。

Transparency

　もし予言したカードの上で観客が手を止めず、かつ観客の5指を伸ばしてもらうことや、手を下げるときに軌道修正したり等では明らかに調整不能な場合には、スプレッド上に手を置いてもらったあと、手の下にあるカードを観客のほうに引いて、カードをできる限り取り除いてほしいと言います。そうすると、必然的にマットに残ったカードが"使うカード"になります。そうしたら観客にマット上に残ったカードを取り上げさせてシャッフルしてもらいましょう。その間、演者は最初に取り除かせた分を集めて脇にどけます。

　観客には何をしてもらうかは前もって（明確には）教えず、状況に応じて指示を出していくのですが、一定の論理的なかたちを保っている限り、手順の流れは自然に見えます。前述の選択肢では、どちらの場合でも流れは論理的なものになります。
- 第1のシナリオ：観客の手の下のカードを使う
- 第2のシナリオ：マット、つまり使っている平面上に残ったカードを使う

　残ったカード（通常はデックの半分くらい）がシャッフルされたら、観客がパケットを裏向きでテーブル上に置くときに、そのボトム・カードをグリンプスします。

　ここでまた、パケットのトップ・カードのマークを読み取りましょう。それが予言したカードでなければ、パケットをカットさせ、重ねてもらいます。さらに、またカットしてもいいですよ、などと観客に言うことだってあるのです。そうすることで、観客が予言したカードのところでカットしてくれる機会が増しますからね（カードにブリッジをかけてあれば、カードが少なくなればなるほどその効果は強まるため、そこでカットされる確率はさらに高まります）。

　もし、予言したカードがデックのトップないしボトムにあることがたまたま見えたとき、急いで観客の動作を止めたりすると怪しく見えてしまいます。急がずにそのまま手順を進め、「一番上にきたカードを見てください」と言うか、演者には一切見えないカードということで「一番下のカードを見てください」と言います。そうしたらそのままそれを手に持ってもらい、クライマックスのために残りのカードを全部受け取って、既に排除されているカードと一緒にします。

　予言したカードが好ましい場所（トップかボトム）にない場合には、まずは残りのカードを裏向きでテーブル上に広げ、予言したカードがどこにあるかを確認します。その結果、いくつかのケースが考えられるでしょう：

Inexplicable

- 予言したカードがトップのあたりにある場合、そのカードがトップから正確には何枚目にあるのかを密かに数えます。
  - もし、予言したカードが5枚目にあって、観客の名前が"JENNY（5文字）"であれば、その偶然の一致を使いましょう。観客に名前を尋ねます（もちろん実際にはすでに知っているのですが）。そして観客に、名前の綴りにあわせて、同じ文字数分だけカードを数えていってもらいます。
  - もし、カードが11枚目にあって、このトリックを演じているのがたとえば3月11日である場合、演者は、このトリックは毎月11日にだけ演じるトリックであること、なぜかその日にしか成功しないこと、おそらくは11という数の持つ不思議な性質によるのだろう、という話をします。デックの11枚目のカードが何のカードか知ることは可能でしょうか、と観客に尋ねたあと、観客に11枚目までカードを数えていってもらってください。
  - もし、予言したカードの枚数目に関連させられるようなものが、演者の周辺ですぐには見付けられない場合、観客に人差し指を伸ばしてスプレッドの上で動かしてもらい、好きなところで止めるように指示します。写真3は観客から見たところです。観客の人差し指が予言したカードの上を通り過ぎようとしたあたりで、演者は「あなたがストップしたところまでのカードを残して、それ以降は捨てます」と言います。観客が人差し指を止めたら、そのまま指を下げてもらい、そこまでのカードをすべて集めて再びシャッフルしてもらいましょう。「これが最後の選択です」のようなことは決して言ってはいけません。カードを取り除く操作がこれで最後になるかどうか、演者にもまだ分かりませんからね。

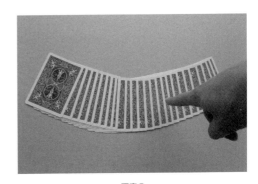

写真3

- 予言したカードがスプレッドの中央部にあったなら、指を開いてスプレッドの上に置かせるという前述の操作を行ってください。なぜなら、位置と枚数

209

の関係上、予言したカードがほぼ必ず残ることになるからです[訳注]。

- 予言したカードがボトム部分にあった場合、先ほど解説した指を移動させていく操作を、トップではなくボトム側から始めさせます。

取り除く操作を2回行うと、デックの4分の1ほどが残った状態になり、予言したカードが"都合のいい"位置に来る確率は指数関数的に増大します。

「もっと難しくしましょう」と言って観客にパケットをシャッフル、カットしてもらい、また別の観客にもカットしてもらうことすら厭いません。実際には、カードがシャッフルやカットされればされるほど、予言のカードが演者にとって都合のいい位置に来る確率が高まるわけですから。

手順のこの段階で、しかもカードにブリッジをかけてあれば、予言したカードがパケットのトップかボトムに現れるのはほぼ確実になります。もし現れていなければ、前述のようにトップから、もしくはボトムから何枚目にあるのか正確な位置を見定め、それから予言したカードに至るためにカードを数えていく、納得感のある方法をひねりだしてください。

なお、取り除くフェイズは4回を超えないようにするのがいいでしょう。そのくらいなら手順のリズムを保てますし、観客もまだ起こっていないこのあとの展開について、あれこれ考え始めたりできないでしょうからね。

連続した取り除きを正当化する必要がある場合、たとえば3回目のときに4回目も必要であると気付いたら、「不誠実なマジシャンは、取らせたいカードがあるとき、観客に強制的に選ばせてしまうことがあります。つまり、1枚カードを選ぶというやり方では、本当に自由に選んだのかは分からないものなのです。だから私は、こうやってカードを取り除いていくという方法を使っています。これなら、最後に残るカードがランダムなのは、誰の目にも明らかですからね」のように説明しています。

最終的に、どの経路を辿っても観客は演者が予言したカードを選ぶことになり

訳注　1段目で「手の下のカードを取り除く」としていた場合は、論理に一貫性がなくなってしまいますのでこれを行ってはいけません。

ます。観客によってすべてのシャッフル、カット、一連の取り除きが行われた結果、いま観客の手にあるカードは全くの偶然によって選ばれたものだ、と強調します。特に"演者が全く手を触れていなかった"のですから（これは、大筋では真実です。演者が、取り除いたカードを脇によけたり、カードをマットの上で広げたりしてはいますが、これらは観客が疑いを抱くような動作ではありません）。

そして、演者はホワイト・ボードを取り上げて劇的に表向きに返し、予言が的中していることを示すのです。

繰り返しになりますが、ここまで数ページに亘(わた)って解説した全体のプロセスは、このトリックを演じるための唯一の方法ではありません。多くの可能性の中のひとつなのです。皆さんもBW・マークト・デックを使い、自分自身のやり方を自由に創りあげてみてください。

BW・マークト・デックを使えば、任意のフォース・カードの行方を常に追うことが可能です。そのメリットを最大限に活用しましょう。即興対応、頑張ってみてください！

これは非常に刺激的であることがお分かりになるはずです。毎度同じ方法を決められた順序通りに行う、そういった一般的なトリックとは全く異なりますからね。

Notes

予言されるカードは、デックの中の特定の1枚であればいいので、それを演者ではなく観客の1人に選んでもらうこともできます。そうする場合は、たとえば2つ目の色違いのマークト・デックを持ち出し、観客が選んでボードに書いたカードがそこから選ばれるようにする、というかたちにしてもいいでしょう。

あるいは、観客には「カードの名前をホワイト・ボードに書いてください」と言い、公然とそれを見てしまってもいいでしょう。そうしたとしても、演者はこのあとの手順の最中、カードの表を見ませんからね（手順中で表の面を最初に見るカードは、観客の手に残った最後の1枚になりますから、これは極めて強力な現象ですし、観客にとっては不可解極まりないことでしょう）。

最後にもうひとつ。ホワイト・ボードの代わりに普通の紙切れを使い、書かれたカードの名前を何らかの方法で読み取るというやり方も可能です（仕掛けのある封筒や、

カーボン紙や電子デバイスを仕込んだ特別製のクリップ・ボード等など……)。

Psy-Show

　この手順の目指したもの、それは結果があらかじめ決まっていて、そこに至るまで一直線だと思えるようにすることでした。実際には真逆なのですが。演者は変化に対応し、即興性を発揮しながら押し進みます。あなたのプレゼンテーションは、『このトリックはいつも、お手伝いの人や観客がいま体験している通りのかたちで進むものだ』と示唆するものでなくてはならない、ということを心に留めておいてください。手順の異なるフェイズをいかにひとつづきに繋げられるか、カードが"クライマックスになり得る"位置に来るというチャンスが訪れたときに、それを知ってどう活かすか、という能力にこのトリックの成功はかかっているのです。チャンスは何でも活用しましょう！頻繁にこのトリックを演じることで、活かすことのできる新たな道の発見に繋がることにお気づきになるはずです（これも偶然にかかっているとはいえ、想像するよりも多く起こります）。

　この手順の恩恵は2つあります。まず観客の反応が非常に強力であること。そしてシナリオが毎回違ったものになるため、あなたも楽しみながら"Inexplicable"を演じられるということです。常に何らかの挑戦が提供されるので、アドレナリンが分泌されますし、またあなたの即興対応能力が向上することも十分に考えられます。お試しあれ。あ、中毒にはならないよう気をつけること！

The Art of Improvising and Defying the Chance Factor

　皆さんはもうお気付きのことと思いますが、本物のちいさな奇跡を起こすのにBW・マークト・デックは理想的な道具です。レギュラー・デックでは、ここまで綺麗に演じるのはまず不可能でしょう。本書に載せた手順は、きっと皆さんが同じように強力なトリックを新しく創りだすインスピレーションになるものと思います。このデックは様々なトリックの色々な演じ方に使えますから、その可能性は無限です。

　しかし、本書の冒頭でも述べましたが、マークト・デックの使用それのみをベースにレパートリーを創ろうというのは心得違いでしょう。私自身の場合でいえば、演じるのにマークが必要な手順は、レパートリー全体の3分の1より少ないくらいです。とはいえ私のデックはすべてマーク付きです。なのでどんな状況下でも、どんなトリックを演じていても、手の中にあるデックには間違いなくマークがあるということになります。これにより、私はたとえ困難な状況に陥ったとしても、そこから脱することができるのです。演者自身のミスや、いきがる観客のせいで、演技が突如コントロールを失ってしまうようなシチュエーションについては、本書でもいくつか例示していますね。

　これら数々のシナリオは本当に現実的なものであり、たくさんの観客の前で夜毎たくさんのトリックを演じているようなプロのクロースアップ・マジシャンの生活においては実によく起こることです。こういったとき、あなたはいつも演じているトリックのいつものやり方から逸脱せざるを得ず、手順を本当に魔法的なクライマックスに落とし込むには何らかの即興性が求められるでしょう。まさにその瞬間、あなたの内心そのままに頭脳は沸き立ち、そしてそのときこそ、デックがマーク付きであったことに感謝するのです！マークが付いているおかげで、

あなたが手に持っているデックはたとえ裏向きであっても表向きと同じであり、しかも表向きであるときよりも早く、どんなカードだって見つけてきてしまうことができるのです。結果的に、即興として行わなければならない箇所は非常に簡単なものになります。なぜならあなたの手には、手順をその場で変更していくことができるツールが握られているのですから。これにより、観客の目の前でのあからさまな失敗という事態も避けることができます。もし普段のルーティーンでは使わない"フリー・スタイル"を取らざるを得なくなったとしても、ほとんどの場合、観客は誰も気付かないでしょう。

マジックを演じる側には優れたアドバンテージがあります。挑戦に失敗したように見せかけておいて、次の場面では観客が予想していたよりも強力なクライマックスによって、彼らをもっと驚かせることができるのですから。観客は、マジシャンによるこの手のシチュエーションには頻繁に遭遇しています。ですから、演者が本当にカードを見つけられなかったときであっても、彼らはまずその状況を楽しみ（演者よりずっと！）、彼らを驚かせ、そして演者が観客たちをおもちゃにしていたことが明らかになる"どんでん返し"が来るのを待つ、というのもよくあることです。なので、もし何かがあなたの思うようにいかなかったとしても、意図的にこの手のサカー・トリック・タイプの演出へと舵を切ることができますし、帆を調整して、最後には最善のかたちで締めくくることができるでしょう。

このようなとき、マークト・デックは非常に強力な味方になります。その表を見ることなく、必要な1枚、もしくは複数枚のカードの位置を特定することができますし、観客の疑念を引き起こしたりもしません。演者が当初想定していたのとは違うかたちへと状況を調整していることも、観客たちに気取られることはありませんからね。

マークト・デックを装備したことで、即興という技芸（アート）に臨む準備は万端です。遭遇するシナリオに応じて、単純な調整からより込み入ったものまで、様々な程度の即興対応が可能なのです。いくつか、あなたにも起こり得るシチュエーションについて、具体例で確かめていきましょう（意図的に"あなたにも"という言い方をしているのは、それらが私に実際に起こったことだからです！）。

The Spelling
［シナリオの変更不要な、シンプルな即興対応］

こんな状況を想像してみてください。観客のファースト・ネーム、その1文字

The Art of Improvising and Defying the Chance Factor

につき１枚ずつ配ってスペリングしています。最後の１枚を配ったとき、マークを素早くチェックして、それが本当に正しいカードであるかどうかを確認します。しかしここであなたは、それが選ばれたカードではないことに気付きました（もちろんマークのおかげで、あなたは選ばれたカードが何だったかはすでに分かっています）。けれど、あなたは正しい結末からたった１ステップ離れているだけです。

もしこれがレギュラー・デックであったなら、あなたは間違ったカードを出してしまい、そこからカードの表を見て正しいカードの位置を探すことになります。しかし観客は"neither blind nor stupid（盲でも馬鹿でもありません：偉大なる巨匠、タマリッツの作品タイトルから拝借）"。演者は間違ったカードを出してしまって、いま観客のカードを本当に探しているんだなと、すぐに気付くでしょう。観客は、あなたが手順をやりきるためにどう持ち直そうとするのかを見守ることになります。これはもちろん心地良いシチュエーションとはいえません。

ですが、マークト・デックを使っていて、観客の名前に合わせてスペリングするためにカードを特定の位置にコントロールしたとします。ここにミスがあったとしても、おそらく１〜２枚ずれた程度でしょう。左手でデックをディーリング・ポジションに持っており、右手でこれから示そうとしている１枚のカードを（まだ裏向きで）持っている状況であれば、デックのトップ・カードのマークを読み取ることはとても簡単です。

もしそちらが選ばれたカードだったら、その下に左手小指でブレイクを作り、右手に持っているカードをその上に重ねます。あとはダブル・リフトをしてカードを示すだけで、普段やっているのとほとんど同じ見た目でトリックを締めくくることができます。

もし選ばれたカードがトップに来ていなかったら、マークを確認するため、トップ・カードを少し右にずらしてみます。もし２枚目に観客のカードが来ていたのなら、上述の通りに手続きを進め、トリプル・リフトをすればいいのです。

選ばれたカードがデックには無く、テーブルに配った山の一番上だった場合、右手に持っている１枚をその上に載せます。そうしたら山ごと取り上げてそれを揃える動作の中で、トップ２枚のカードの下に左手小指でブレイクを取り、ダブル・リフトに備えてください。カードがテーブルの山の上から２枚目だった場合は、同様に進め、トリプル・リフトを行えば解決ですね。

選ばれたカードが最後に配ったカードの付近には無かった場合、そのときには次の項目で見るような、当初のシナリオを変更する即興対応が必要になるでしょう。

The Production
[シナリオの変更をともなう、より複雑な即興対応]

こんな状況を想像してみましょう。スペリング・トリックで、これからカードを明かそうというところですが、あなたはそのカードが違うということが分かっています。ここでの問題は、選ばれたカードが次にも前にも見当たらず、演者にもよく分からない、デックのどこかにいってしまっている、ということです。そのため、元のシナリオを保ったまま手順を演じきることは不可能でしょう。このような状況でクライマックスに辿り着き、カードを当てることを効果的かつ自然に成し遂げるためには、より複雑な即興対応が必要になります。

たとえばフラリッシュをして、デックからカードを1枚弾きだすとしましょう。あなたはそれをキャッチしますが、正しいカードではないことが分かりました。さあ、これは調整するのが非常に難しい状況です。なぜならこの1枚以外、配られたり広げられたりしたカードがないため、注目はすべて、デックからいま飛び出してきたこの1枚に集中してしまうからです。これを示さないでおくのは非常に難しく、したがってシナリオも変更せざるを得ないでしょう。それでもなお、演者は常に観客に　歩先んじています。あなたはこれが選ばれたカードではないことを知っていますので、これを観客に示す方法を準備することができます。

以下のシナリオが、あなたに閃きを与えてくれるかもしれません。

— 間違っているカードを裏向きで演者の前に置き、残りのデックを両手の間で（同じく裏向きで）広げながらこんな説明をします。「このデックの中から、1枚だけが飛び出してきました……」　そう言ってデックを広げているとき、選ばれたカードの位置を密かに探し、見つけたらその上に左手小指でブレイクを取りながらまとめます。そうしたら、なにげなくブレイクのところでデックを分けてカットします（もしマスターしているのなら、単にパスを行ってください）。そしてテーブルのカードを手に取り、台詞を言い切りましょう。「そしてこれは……」　高らかに手に持っているカードの名前を言って、一仕事終えたかのように、これ見よがしにポーズをとります。観客はすぐに、それは自分の選んだカードではないと言うでしょう。演者は落ち着き払って言います。「知っています！ 私は単に、デックから飛び出してきたこのカードのこ

The Art of Improvising and Defying the Chance Factor

とを言っただけです。これは……[あなたが飛び出させたカードの名前を言う]ですね。間違いありません。確かにこれは[あなたが飛び出させたカードの名前を再度言う]です。さておき、私はこれがあなたのカードだなんて、一言も言っていませんよ！」このギャグは古典的なもので、毎度とてもウケます。続けて、「実はこれは、私がこのデックの中で一番お気に入りのカードなんですよ。なぜなら変化するという性質がありますからね」と。選ばれたカードは、左手にディーリング・ポジションで持ったデックのトップにありますから、あなたはシンプルにトップ・チェンジを行うか、その他カラー・チェンジの技法を使って、あなたの"お気に入りのカード"を選ばれたカードへと変えてしまえばいいわけですね。

— ひとつ前に記載したのと同じように始めますが、途中のカットはしないでおきます。左手小指でブレイクを保持するだけです。演者の弾き出した1枚のカード（あなたの"お気に入りのカード"）を観客に渡し、彼女に「ストップ！」と言ってもらうようお願いしながらドリブルしていきます。彼女がストップをかけたらブレイクより下のカードをすべて落とし、観客には弾き出したカードを表向きで、既に落としたカードの一番上に載せてもらいます。そのまま、そのカードが埋もれてしまうようにドリブルを続けて、終わったらデックをきっちり揃えます。そうしたら以下のように説明しましょう。これは演者のお気に入りのカードです——なぜならこのカードは選ばれたカードが何であっても探し出してくることができるからです、と。デックを裏向きで広げて、1枚だけ表向きになっているカードに注目を集めてください。そうしたら観客に、選んだカードの名前を言ってもらいます。表向きの1枚の下のカード、その見えている縁の部分のマークをチェックし、本当に正しいカードであることを確認しましょう。そうしたら、観客にそのカードをめくってもらい、それが本当に彼女のカードであることを示します。

— ひとたび選ばれたカードをデックの中で見つけることができたら、本書の第2章 Miracles with a Shuffled Deck の中で解説した "Peek Sandwich" のように進めてください。そのカードを、カルなどを使ってスプレッドの下にスティールし、観客には先に取り出したカードをデックのどこかに差し入れてくれるように頼むのです。半分くらいまで差し込まれたところで、その場所でスプレッドを分けます（アウトジョグされた表向きカードは左手親指で保持します）。そうしたら、その突き出したカードを右手パケットのボトム・カードとスティールしてきたカードの間に差し入れてください（落としてしまわ

217

Transparency

ないよう、右手のスプレッドはしっかり強めに保持しておくといいでしょう)。右手のカードを左手のカードの上に持ってきてデックを揃えますが、表向きで突き出たカードはそのまま保持してください。デックをテーブルに置き、再度、あなたのお気に入りのカードは、選ばれたカードが何であっても探し出してくれるのだということを説明します。そうしたらデックをスプレッドし、観客に表向きカードの真下にあるカードがまさしく彼女の選んだものであることを確かめてもらいましょう。

ここに挙げたのは考えられる解決策の一部にすぎません。もちろん、即興対応能力をうまく使うべきシチュエーションは、あなたの演技手順、そのひとつひとつにある危機の可能性の分だけ存在します。そのすべてをリストアップするのは不可能だということは理解しておかねばなりません。とはいえ、いま触れたいくつかの例は、きっとあなたにインスピレーションを与えたことと思います。こういった事例について知っておけば、手順があるべき通りに進まず、強力なマジックとして演じきるためには舵を切り直さないといけないというときに、貴重な時間をいくらか節約してくれることでしょう。それが、経験の浅いアマチュアのマジシャンと、訓練を積んだプロとの最大の違いなのです。もしプロならば、そのまま手順を続けて間違ったカードを出し、明らかに"失敗"としたあとで、次の手順に移るというようなことは決してしないでしょう。どうにかしてその状況からうまく抜け出して手順を終える方法を見つける (他にどうしようもないとして) か、あるいは最初に想定していたのとは別のクライマックスを用意したりするでしょう。もっとも大切なのは、あなたの普段のデモンストレーションの力量を主張してくれる別のトリックへと移ってしまう前に、たとえそれが当初よりも弱いクライマックスになってしまうとしても、可能な限り強力なかたちでいまのトリックを演じきることです。

ここまで私たちは、即興対応が必要となるいくつかの状況について見てきました。つまり、想定していた通りに進まず、そこから脱するために"帆を操る"必要のある状況です。これはマークト・デックのポテンシャルを最大限に引き出す方法のひとつに該当するでしょう。幸いなことに、それはマークト・デック専用に作られた手順などに比べれば、あくまでも副次的な使用法です……演技の最中に、あなたはこれを活用する"ステキな機会"に恵まれることでしょう。意図的であるにしろ、そうでないにしろ、ね。

ここからは、マークト・デックを使っているときに訪れるチャンスの要素と、

The Art of Improvising and Defying the Chance Factor

　それがどのように現れるかということについて見てみましょう。チャンスは確かに存在し、あなたが待ち構えていないときに向こうから突然ドアをノックしてきたりします。一方で、そのチャンス自体が生まれるよう、こちらから働きかけることもできます。このゲームに興じれば興じるほど、より多くの機会を得ることができるでしょう。どちらの場合でもマークト・デックは強力な味方であり、訪れる好機のすべてを、うまく利用できるようにしてくれます。どんなトリックにも（古典といわれる作品であっても）、より驚きの大きな、そして本物の魔法らしく見えるものにできるチャンスが眠っており、私たちはそれをうまく引き出すことができるはずです。

　先にありました"Inexplicable"は、このチャンスを生み出す技芸を完璧に表したものでしょう。そこでは演者が予言したカードが、最終的に観客によってランダムに選ばれたかのように見せるために、この手法を使っています。しかし、このあとを読めば分かると思いますが、手法はもちろんそれひとつではありません。この手順はあなたが利用できる2つの異なったチャンス要素をまとめたものです。つまり、偶然に訪れるチャンス要素と、こちらから働きかけるチャンス要素です。

The Uncontrolled Chance Factor
［偶然に訪れるチャンス要素］

　"Inexplicable"では最初に、観客がデックをシャッフルしてカット、そして演者の前に置きます。このとき演者はデックのトップ・カードのマークを素早く読み取りますが、それが予言したカードだったとしましょう。演者はすぐに、本物の小さな奇跡を演じることになります！これはめったにない特別なケースに思えるかもしれませんが、皆さんが考えているよりも頻繁に起こります。私は2001年に初めてマジック・キャッスルでレクチャーを行ったときに"Inexplicable"を演じましたが、まさにそのままのことが起こったのです。もちろん"The Trick That Cannot Be Explained"の作者であるダイ・ヴァーノンの霊魂がまだそこにいたから、というのもあるでしょう。けれどそれ以降もこういったことは幾度も起こったわけで、霊の仕業ですべてを説明することはできません（少なくとも合理的な観点からは）。私は、自分が特別にラッキーな人間であるとは考えていません！しかし私に分かることとしては、もしもマークト・デックがなかったなら、2001年のあの日、現象が観客たちにとってあまりに奇跡的に見えたせいで、驚いた彼らが文字通り椅子から転げ落ちた、あんな芸当はきっとできなかったでしょう！即興対応によってエンディングを早めながら、さも普段演じている通りであるかのように、そしてこのトリックを演じるときは常にこういったことが起こるかの

ように振る舞うのは、非常な楽しみです。あの日、マークト・デックは偶然によって生まれたチャンスを活用させてくれたのです。もしレギュラー・デックしか持っていなかったら、あのようにクリーンなかたちでチャンスを活かすことは到底できなかったでしょう。

似たようなことが2012年のシュトゥットガルトでも起こりました！録画有りのショーで"Miracle"を演じていたときのことです。観客はデックをしばらくシャッフルしたあと、それを私の前に置いたのですが、私はそのとき、トップ・カードが、私のメモライズド・デックで観客が言った枚数目のカード、つまりフォースしなければならないカードであることに気付いたのです。なので、私は「一切触りたくないので」と言って大きく一歩下がり、観客は"偶然がデックのトップに運んできたカード"を手に取りました。その夜は、観客の中に何人かマジシャンがいるのが見えましたが、全員頭をかきむしっていました！数日後に私がインターネットにアップロードしたこの映像を見た、モニターの前の人たちと同じように。『偶然に訪れるチャンス要素』と、『ビデオカメラの存在』のコンビネーションはいつでもウェルカムです！

もちろん、偶然に訪れるチャンス要素はあなたがどうこうできるものではありませんし、手順の中で起こりうる事態の中でも小さな割合でしかありません。しかし、それをいまから見ていく、"チャンス要素が増えるようにする、こちらからの働きかけ"に加えれば、自分はいまチャンスを十分に引き出せる素晴らしい状況にあるのだと気付ける機会を、劇的に増やすことができるでしょう。

The Defied Chance Factor
[チャンス要素が増えるように、こちらから働きかける]

たとえそれが最終的には予期せぬ幸運が必要なものだとしても、手順の中であなたにとって好ましいケースが増えるように働きかけていくことはできます。ここでも、"Inexplicable"がその例としてぴったりです。手順の演技説明のところでも書いたように、観客にデックのシャッフルやカットを頼めば頼むほど、予言したカードのところで止められる機会をより多く得られるようになります。"演者にとってより難しくするため"に可能な限りデックを混ぜてもらう、という名目の元、観客による操作を増やせば増やすほど、予言したカードが偶然にも都合のいい場所に来るチャンスは10倍にも跳ね上がります。これによって、いかなるコントロールも不可能な、極めて自然なかたちでカードが選ばれたように見せることができるのです。カットやシャッフルが繰り返されたにもかかわらず、目的のカードに"着

地する"チャンスは大きくなるのですね。

　ですが、これは別に"Inexplicable"でのみ使われているテクニックではありませんし、あなたのルーティーンでも普段から使うことができます。またカードの枚数を減らせば、単純な数学的帰結として、予言したカードが出て来るチャンスは増えます。そのようなわけで、どんどんカードを取り除いて減らしていって、デックが残り4分の1くらいにでもなれば、もう予言したカードが姿を現していることでしょう。

　マジシャンズ・チョイス（エキヴォックともいいます）もまた興味深いテクニックです。一見、観客には完全に自由な選択をさせているように見えながら、その実、彼女の選択の結果をコントロールしているのですから。そしてそれをBW・マークト・デックで行うとさらにパワフルになります。あなたは自分が追いかけなくてはいけないカードがどこにあるのか、常に分かっています。カードの表を見る必要はなく、なんならデックを触る必要さえありません。なので、観客に与えた指示の結果を先読みできるのです。一歩先んじることは、エキヴォックの手続きを、いかなる疑念も抱かせることない、より効果的なものにしてくれます。

　カードにブリッジをつける、というのも、手順の中で"チャンス要素"が増えるように働きかけるテクニックの見過ごすべきでない要素です。この純粋な物理的特性は、観客が自然に、意識せずにこのカードのところでデックを分けてくれるチャンスをかなり増やしてくれるでしょう。

　チャンス要素が増えるように働きかけ、予言したカードに"着地する"ためには、考慮すべき要素がいくつかあります。操作を増やすこと、選択肢の数を制限すること、カードを物理的に変形させること……これらはそれぞれチャンス要素を増やし、あなたを有利にしてくれますが、そういったチャンス要素を御しながら成功をほぼ確実なものへと導くには、それらを組み合わせて使うことが大事です。そして、これら組み合わせるものそれぞれの機能が、お互いに大きく異なっていればいるほど、これはより一層確たるものになるでしょう。それぞれの強みの結びつきでできるコンビネーションはとても強力で、もはやチャンス要素（運任せ）とは言えないほどです。

Total Improvisation
[完全即興]

　最後に。BW・マークト・デックは、演じている最中の即興によって、トリックの最終的な成功を約束してくれるだけのものではありません。どういったことが起こり、またそれがどうリンクするのかあなたにも分からない"完全即興"の手順や現象のコンビネーションへと、あなたを誘（いざな）ってくれる素晴らしい道具なのです。

　一日の終わり頃ともなると、私はしばしば全く何のあてもないまま、つまりどうやって魔法のようにそのカードを取り出せばいいのかを考えないまま、観客に好きなカードを言わせている自分に気付くことがあります。頭の中には何の枠組みもありません。ほとんどの場合、あえてそういったものを作らないようにしているのです。なぜならば、それこそが演技のスパイスになる、内なる興奮を作り出すものだからです。

　何が起こるかは、演者や観客によって為される動作や一連の手続きに対する完全な即興に基づいているため、厳密なシナリオを用意することは困難です。それは実演の数だけ存在するのですから。これはもちろん、偶然訪れるものとこちらから働きかけるもの、ふたつのチャンス要素のコンビネーションに頼らなければなりません。この連携があってこそ——もちろんBW・マークト・デックの力も共に——言われたカードの位置を、その表を見ることなく密かに特定し、あなたに巡ってきた状況に応じて、もっとも都合のいいチャンスを活かし、絶好のタイミングで示すことができるのです。

　ご自身で主導するか、はたまた観客に促されるか、そのどちらを選ぶにしても、一貫性を保つためにそのルーティーンの間は、1つの方向性をしっかりと貫く必要があります。そうすることで、"Inexplicable"のときのように、考え抜かれた確定的な構成の手品だという印象を観客に与えることができます。あるいは、一見どう考えても不可能で、演者自身にも成功の確証がなさそうな、危険な挑戦をしていると強調してみせるのもいいでしょう（なにせ一日も終わろうとする頃、いつものレパートリーも終えたあとの演技でもあることですし）。いずれの方向性でも、演じている間、一貫性を保ち続けることができれば、うまくいくことでしょう。

　言われたカードを見つけるという例において、カットやシャッフル、スプレッドをさせる機会を増やすという仕組みは、お分かりかと思いますが必須のものです。カードを見つけ、それを自然なかたちで観客に示す方法を見出すための、探求する価値のある道をいくつか紹介しましょう。これは私の数多の完全即興セッショ

ンからのごく一部の例に過ぎませんが、あなたに何が可能なのかをうまく説明できるものですし、またあなた自身の手順を発展させるインスピレーションの源にもなるでしょう。

　こんな説明をします。自分ほどのエキスパートになると、両手をカードに近付けるだけで、カードのスートや数に応じた波動が感じ取れるのです、と。

　デックをいくつかの少枚数の山に分けます（たとえば6個か7個に）。そうしたら、それらの山のトップ・カードのマークをさっと見ます。もし言われたカードがその中の1枚だったら、すでになにか強い波動を感じたこと、そしてその感覚を観客にも送るので、観客自身で見つけることができるでしょうと説明します。単純なPATEO・フォース[訳注]（あるいはマジシャンズ・チョイス）だけで、観客は自分自身の手でカードを見つけ出すことができてしまいますね。誰一人カードの表は見ておらず、カードに触ったのもその観客1人、シャッフルしたのもカットしたのも彼女であるにもかかわらず、です。想像してみてください、このようなトリックの衝撃たるや。マジックをよく知っている観客が相手だったとしても同じことです。

　どのパケットのトップ・カードも言われたカードではなかった場合（一番可能性の高いケースですが）、そしてカットを行ったのが観客だったなら、各山の枚数はあまり均等ではないことがほとんどでしょう。演者は1つ、ないしは複数のパケットを、"十分な"枚数があるかどうか確認するために広げることができます。もちろん、これはパケットを少し広げたときに、カードの一番左側の部分（マークがあるところ）が見えるようにするためです。これで言われたカードがどこにあるか、位置を特定できるでしょう。

　ここでも特定できなかったら、それぞれのパケットを、まずは個別にオーバーハンド・シャッフルで混ぜます。オーバーハンド・シャッフルの動作は、いってみればカモフラージュされた"パケットを広げる動作"であり、引き取るカードの裏面のほとんど全面を見ることができます（特にパケットが少枚数のときには）。シャッフルは急がずに、そしてカードを引き取る度、言われたカードのマークがある高さに集中してください。

訳注　Pick Any Two, Eliminate One Force. 場に出ている複数のものの中から観客が2つを選んで演者がそのうち1つを取り除き、同様に演者が2つを選んで観客に片方を取り除かせ……という手続きを繰り返して、演者が残したいものを残すフォース。ルイス・ジョーンズ・著，土井折敦・訳『カードマジック フォース事典』, p. 159（東京堂出版, 2014）に解説があります。

ここに至ってもまだカードがトップに現れなかったら、パケットをシャッフルして、言われたカードと同じスートのカードがトップに来たところで止めるのもいいでしょう。そうしたら、パケットの上を手が通過したときに何かを感じたふりをし、そのカードを示して、方向性としては正しいということを証明します。シャッフルの最中に偶然探しているのと同じ数字のカードが出てきたときも同じです。探しているカード以外に、3枚のメイト・カード（同数字のカード）を見つけ出すことに挑戦することもできますね。その場合は4枚のカードがテーブルに裏向きで出た状態で終えましょう。正しいカードを示し、それから演者は、実はまったくの失敗などではなかったのだということを示します。なぜなら、残りの3枚をあわせてフォー・オブ・ア・カインドになっているのですから。

オーバーハンド・シャッフルをしてからまとめたり、あるいは言われたカードが入っていないとはっきり分かったものについて取り除いたりすれば、いずれの場合でも、言われたカードの正確な位置、ないしは大体のあたりにあるかが分かります。

直面している時々の状況にあわせて、想像力を使い、自分が表明した約束に沿うかたちでカードを出現させましょう。あなたが他のルーティーンで普段から使っているテクニックを用いて直接的に取り出してくることもできますし、本書に載っているトリックのようにやってみることもできます。

最初に言った、"何かの波動を感じる"という演出で続けるのもいいでしょう。デックの中の同じファミリー（スート）のカードの位置を感じとり、1枚ずつ出していくのです。そしてもちろん、その最後の1枚は観客の言ったカードです。

別のアプローチとして、2枚のジョーカーを使うものもあります。これはあらかじめそれらを脇に除けておき、カットやシャッフルによって見つけたカードを、密かにその間に加えます。そうしたらこんな説明をします。言われたカードを見つけ出すのは極めて難しいので、2枚のジョーカーに助けてもらいましょう、彼らはとても役に立つアシスタントなんですよ、と。デックをテーブルにドリブルしていく中、2枚のジョーカーの間に観客のカードを空中で挟んで取り出してきたように見せ、そして華麗なトーンで締めるのです。

同じ感じで、言われたカードをカットやシャッフルの最中にコントロールしておき、そしてデックを宙に放り投げる前にそのカードをパーム、空の手で、空中に舞い散ったデックの中から観客のカードをキャッチしたように見せることもできますね。

The Art of Improvising and Defying the Chance Factor

　もしジャケットの中にフレッド・カプス・ワレット（カード・トゥ・ワレットのためによく用いられる道具です）をお持ちならこんなことさえ可能です。まず言われたカードをパームしてから、もう一度シャッフルしてくださいと言って観客にデックを渡します。カードを密かに財布にロードしてから、「もしカードを探しだせなかったら、この中身を差し上げますよ」と説明しながら財布を取り出してください。3連続で間違ったカードを取り出しては示し、その度にもう一回チャンスをくださいと言います。トリックが失敗してしまったかのようなふりをし、デックを表向きで広げてください。デックに注目を集め、カードが見つけられなかったのも当然だ、ここにはそのカードだけが無いのだから、と説明しましょう。それでも私は約束を守ります、と言って財布のジッパーを開け、中から言われたカードを取り出し、それを観客に渡しましょう。

　ご覧頂いたように、BW・マークト・デックを使えば本当に何でもできるのです。実際にそうなので、時に私は観客に、場の状況や周辺にいる人たちにもよりますが、どんな風にカードを当ててほしいかを聞くことさえあるのです！この危うい挑戦をやり始めた頃、私は観客が、常軌を逸したことを言ってくるかなと思っていたのです。たとえば、「スーパー・モデルがヘリコプターを操縦して登場。で、彼女の歯の間に俺の言ったカードが挟まっている、でお願いしたい」のような。実際には、観客からは極めて知的で、まったくもって現実的な答えが返ってきて心地よい驚きを味わったのですが。カード・コントロールやパーム、ミスディレクションの基礎、そしてこのマークの見つけ方をマスターすれば、ほとんどすべての要望に応えることができるでしょう。ちなみに、マジシャンなら異なった当て方をいくらでも提案できるでしょうが、これは何が可能かを知らない一般のお客様には難しいことです。ほとんどの観客には、"不可能でいて、でも現実的"という、うまい具合の当て方を提案するのは困難でしょう。ですから、観客が少し変えたりカスタマイズしたりできるような例をいくつか挙げて誘導してあげると、事は簡単になります。それでいて、その結果出てくる提案は、あなたにうってつけのものになるでしょう。あなたが出した例は、もちろん、すでに対応準備済みのものばかりなのですから。

　BW・マークト・デックは、確立した手順といういつもの枠組みを超えて、その向こう側へと行く自由をあなたに与え、即興対応と大胆な行動を可能にしてくれます。これはレギュラー・デックでは危険すぎて不可能でした。永続的な安全性と、必要なテクニックを最小限まで減らせる可能性、そして何よりも他にない魔法的な瞬間を創りあげることができるという素晴らしい特性により、あなたのカード・

Transparency

マジックに全く新しい地平を切り開いてくれるのです。

　本書には、BW・マークト・デックの可能性を完全に引き出すための、探求すべき手法や、アイディア、すぐに使えるルーティーンがありました。それらが、あなたに自身のトリックを作るインスピレーションを与えたり、あなたの手品の中に実践的な居場所を見つけてくれたら、と思っています。

　15年以上こいつを使ってきましたが、いまなおすべてのパフォーマンスにおいて、信頼できる相棒です。パフォーマンスはもちろんいつでも大成功。あなたにあっても、そうであってほしいと願っています。

　BW・マークト・デックに幸あれ！

これがホントのペンギン・マジック。

Credits

- Baker, Al: *Al Baker's Book One* (Al Baker, 1933).
- Barouf, Dr: *Le Jeu invisible d'apres Dai Vernon* (Dr Barouf, 1986). In French.
- Berg, Joe: *The Berg Book* (Stevens Magic Emporium, 1983).
- Conradi, Friedrich W.: *Der Moderne Kartenskunstler* (Conradi, 1896). In German.
- Curry, Paul: *Out of This World* (Paul Curry, 1942).
- Daryl: *Encyclopedia of Card Sleights* (L&L Publishing, 1996).
- Fischer, Ottokar: *KartenKünste - The Magic of Hofzinser* (1910). In German.
- Fischer, Ottokar: *Hofzinser's Card Conjuring* (George Johnson, 1933).
- Fischer, Ottokar: *La Magie des cartes d'Hofzinser* (Fantaisium, 2012). In French.
- Galasso, Horatio: *Giochi di Carte* (Horatio Galasso, 1593). In Italian.
- Ganson, Lewis: *Dai Vernon's More Inner Secrets of Card Magic* (Supreme, 1972).
- Koran, Al: "The Lazy Magician Does a Card Trick" in *Abracadabra* #450 (Goodliffe Publications, 1954).
- LePaul, Paul: *The Card Magic of Paul LePaul* (D. Robbins & Co Inc., 1949).
- Lesley, Ted: *Ted Lesley's Working Performer's Marked Deck Manual* (Martin Breese, 1983).
- Lesley, Ted: *Le Jeu marque de Ted Lesley* (Editions techniques du spectacle, 1996). Translated into French by Richard Vollmer.
- Lorayne, Harry: *The Epitome Location* (Harry Lorayne Inc., 1976).

Transparency

- Mephisto-Huis: *The Master Challenge* (Mephisto-Huis, 1980s: year not specified). In French.
- Miller, Doc: "That Number Down" in *50 Tricks You Can Do, You Will Do, Easy to Do* (Rufus Steele, 1946).
- Rodgers, Paul: "Force Threedom" in *The Linking Ring* (IBM, 2000).
- Stanyon, Ellis: *Magic by Ellis Stanyon* (July 1913 Issue).
- Tamariz, Juan: *Best of Tamariz Seminar* (Joker Deluxe, 1996). Video in French.

Acknowledgements

フランツ・レジャッス、彼の間違いのないサポートと、いつも有益な提案に感謝を。
フランソワ・モンミレル、彼への信頼も新たに感謝を。
ギ・カミロン、この新しい版の出版権を与えてくれたことに感謝を。
ミッシェル・アッセレン、元のエディションの英文作成について感謝を。
デビット・アカー、彼の素敵な序文に感謝を。
マシュー・フィールドとフランシス・メノッティ、彼らの本書の査読に感謝を。
ヴェンソン・エドン、私のマークト・デックのベスト・アンバサダーに感謝を。
サラ・メテス、彼女の才能と生きる歓びに感謝を。
リー・コーエン、彼女の貴い励ましに感謝を。
ザカリー・ベラミー、本書のカバー裏写真に感謝を。
クリステル、本書の写真と、驚きの忍耐に感謝を。
アメリ[訳注]、あらゆる目標達成のための強さを与えてくれたことに感謝を。
我が家族と友人たち、そのたゆまざるサポートに感謝を。

＜日本語版への謝辞＞
トミーこと富山達也さん、東京堂出版の名和様、そしてC.C. Éditionsのフランツ・レジャッス、彼らの、本書への計り知れない貢献に多くの感謝を。

訳注 著者の娘さんです。

ヘルダー、真のカード・キラー……

訳者あとがき

　初めての方、はじめまして。複数回目の方、まいどどうも。本書の訳をさせて頂きました、富山と申します。

　大体の場合において、手品の道具を物色し始めるような頃にはすでに「レギュラー・デックでできない手品は嫌だ」などという方向に手品観をこじらせていることが多く（※個人の経験です）、マークト・デックというものは真っ先に「そんな怪しいデックが使えるか。何よりお客さんに渡せないじゃないか」となっていることでしょう（※個人の感想です）。BW・マークト・デック自体は以前からいくつか持っており、たまに使ったりしていましたが、傷むのが嫌で普段はほぼ使っていない、という状況でした。2016年3月に本書の著者、ボリスさんの来日レクチャーに参加するまでは。

　ボリスさんのレクチャー後のレストランにて、友人の奇術研究家こざわまさゆきさんが『CARD FICTIONS』の訳本を彼に見せて、「彼（富山）はこんなふうに手品の本を日本語に訳したりしているんですよ」と紹介してくださり、ボリスさんも「へえ。私のも翻訳してくれていいんだよ？」となかば冗談交じりに返してくれたりしておりました。なおその時点では、サイン目的でこざわさんが持ってきていた本書の原書を初めて拝見し、「ボリスさんってマークト・デックやDVD以外に、本も出されていたんだなあ、へえ」と知ったような状況でした。ゆえにその発言も、"酒席でのリップ・サービス"としか受け取っておりませんでした[註]。

　翌日、ボリスさんが遊びに寄られたマジックランドにて、私が以前訳させて頂

[註] こざわさんの希望で、ボリスさんに"どこまでマークを読み取れるか"をやって頂いておりましたが、彼はテーブルにスプレッドしたあと、立った状態でそこから特定のスート13枚をさっさと見つけ出して抜き出していました。おそらく全部で10秒もかかっておらず、目からテーブルはちょうど腕の長さ程度離れていたと思います。本文に書かれている「裏から見たほうが早い」は誇張ではありません。

いた本註をご覧になったとのことで、「今日マジックランドに行ってきてね。見たよ、君の本。自分の本もああいう体裁で作ってくれないかな。そんなわけでトミー、東京堂さんとヨロシクね！」と。「ちょ、え？あれ？いつの間にそんな具体的な話に？ま、まあ、でも東京堂さんがOKって言うとは限らないんじゃあないかな……？だってマークト・デックの本だし……」と震えつつ打診してみたところ、すぐに「前向きに検討します」、そして10日ほどで「会議通りました。出す方向で頑張りましょう」という返信が。あっという間に外堀から内堀まで重機で埋め立てられた感があります。そのあとはお決まりの大変な作業の始まりでした。そこはまいど同じなので割愛します。

　本書を作るにあたり、ご助力頂きました方々にお礼を。
　まずは奇術研究家のこざわまさゆきさん。このたびは貴重な機会を作って頂きありがとうございました。フランスといえば料理やパリ、ルパン（3世ではないほう）、マジノ線（迂回）というイメージでしたが、手品についてもそのイメージに加わりました。カンヅメで校正作業を進められたと聞きましたが、実際には箱根の素敵な旅館で温泉に浸かった後、せせらぎをBGMにソバ＆冷酒での優雅な校正作業だったとのことで、ありがとうございますというか羨ましいですといいますか。文豪スタイルでの校正とは斬新です。
　続いて同じく奇術研究家の岡田浩之さん。いつも以上に詳細なチェックありがとうございました。一文一文が長く、大学受験時代の英文解釈を思い出すような状況でしたが、懇切丁寧な朱筆を頂くことができました。本書内に2パラグラフ、それぞれほぼ1文なのに、私たちが各数時間もの論を交わした箇所があることはきっと誰にも気づかれないことでしょう。ご自身の翻訳もある中、毎度お力添え頂きまして感謝しかありません。今後も酒類を燃料にまたお願いします。きっと酔えば酔うほど強くなります（校正パワーが）。
　大学奇術サークルの大先輩である北村優子さん。フランス語の発音確認等、知っているフランス語がエグゾセ註をはじめ10個程度しかない私にご指導くださりありがとうございます。フランス語、綴りと音をもう少し一致させられる方法が知りたいという私の愚痴に、「『フランス語（初級）』的な、実直でエスプリの感じられない本を直球とするなら、やっぱりフランス人の可愛い恋人（petite amie＝プチタミ）を作って、彼女の琴線に触れるような変化球的会話を楽しむのがお勧めよ」というご助言ありがとうございました。難度が上がりすぎです（笑）。

註　略歴に記載の拙訳、東京堂出版刊のバノンの本とガスタフェローの本。

註　フランス製の対艦ミサイルの名前。"トビウオ"の意。

訳者あとがき

　東京堂出版の名和様。ここまで網羅的に書かれたおそらく唯一の書籍であろうとはいえ、マークト・デックというある意味マニアック極まりない本書の出版について、会議を通してくださりありがとうございました（いったいどんなマジックを使われたのでしょうか？）。またご一緒させて頂ければ幸甚です。

　同じく東京堂出版の林様、あとからあちこち直させて頂きまして、お手間を取らせてしまい恐縮です。今後はご迷惑をかける量が減るように努めます。

　最後に。本書をお手に取ってくださった皆さま、本当にありがとうございます。本書を読まれたなら、マークト・デックがずるいとかバレやすい、活用しづらい、というお考えはもはやお持ちではないと思います。私もいまや、ボリスさんの仰る、「カードを探すとき、BW・マークト・デックなら、裏からのほうが早い」が本当なんだと理解できるくらいには判別が早くなりまして、その有用性を噛み締めている次第です。

　本書にもありましたが、マークを使わないときには安心と演技の確実性を高めるためにも使え、当然マークを使えばレギュラー・デックでは起こせないような不思議を起こせる強力なツール、それがマークト・デックです。「印の付いたデックを使っている」という、誰もが最初に疑うが、現実にはほぼ見たことのないであろう解決策、これは使いどころを誤らなければ完全な不思議を起こせること請け合いです。ぜひ色々な場所でご活用頂ければ、訳者としても幸甚です。

　またどこかでお目にかかれますように。

2016年11月11日
東京にて　富山　達也

Transparency

<著者の近著など>

- The Boris Wild Marked Deck, FUN Inc., 2005
- Miracolour, Magicbox, 2007
- WPT (Wild Poker Trick), FUN Inc., 2008
- Boris Wild's Remarkable Card Magic, 3 DVD set, L&L Publishing, 2008
- Mind Scanner, Fooler Doolers, 2008
- Creativity & Impact, Lecture Notes, Boris Wild Magic, 2010
- ACAAB - Any Card At Any Birthday, C.C. Éditions, 2011
- POP - Perfect Open Prediction, Boris Wild Magic, 2012

ボリス・ワイルドのその他の製品や情報、ニュースは、以下ウェブ・ページへどうぞ：
www.boriswild.com

<原書掲載の書誌情報>

不許複製
　著者の許諾無しに、本書の複製、配布、翻訳を行うことを禁じます
　著者の許諾無しに、本書の掲載手順をTV放映することを禁じます

出版：フランツ・レジャッス ＆ フランソワ・モンミレ
レイアウト／カバー：サラ・メテス
写真（本編）：クリステル・ソウヴァグ ＆ ボリス・ワイルド個人所蔵写真
写真（デビット・アカー）：マシュー・コープ
写真（裏表紙）：ザカリー・ベラミー
増補改訂版 第3版
www.cc-editions.fr - www.livres-de-magie.com
www.fantaisium.com - www.pokergagnant.com
© C.C. Éditions, Fantaisium and Boris Wild Magic - June 2012.

2012年6月　EUにて印刷
同月に法定納本
ISBN978-2-914983-41-9

ボリス・ワイルド (Boris Wild)

1973年生まれ。フランス出身。パリを拠点に国際的に活動しているマジシャン・著述家・レクチャラー。F.F.A.P.のグランプリ、F.I.S.M.受賞をはじめ、数々の大会での多数の受賞歴や、多くのTV番組出演歴あり。米国のマジック・キャッスルでもこれまでに200回を超えるレクチャーを行っている。2008年には、世界で最も有名なクロースアップ・マジシャンの集まりであるF.F.F.F.コンベンションでゲスト・オブ・オナーに選ばれ、また2011年にはGenii誌の表紙を飾り、14ページに亘って彼の記事が掲載された。本書で取り上げているボリス・ワイルド・マークト・デックの作者としても大変有名であり、彼の名前はマークト・デックの代名詞にもなっている。世界でもっとも有名なフランス人マジシャンのひとりであり、コメディからロマンティックまでカバーする幅広い演技スタイルと、その構成の妙には定評がある。

富山達也 (Tomiyama Tatsuya)

1980年生まれ。東京都出身。慶應義塾大学卒。マジック関連の訳書にPit Hartling『CARD FICTIONS』(2012)、John Bannon『ジョン・バノンのカードマジック Dear Mr. Fantasy』(東京堂出版 2013)、John Guastaferro『ジョン・ガスタフェローのカードマジック ONE° DEGREE』(東京堂出版 2015)、John Guastaferro『Three of a Kind』(2015) などがある。John Bannon『High Caliber』日本語版を上梓予定。

ボリス・ワイルド **Transparency**

2017年1月10日	初版印刷
2017年1月20日	初版発行

著　者——ボリス・ワイルド
訳　者——富山達也
発行者——大橋信夫
ＤＴＰ——小野坂聰
印刷所——図書印刷株式会社
製本所——図書印刷株式会社
発行所——株式会社 東京堂出版
　　　　〒101-0051　東京都千代田区神田神保町1-17
　　　　電話 03-3233-3741　振替 00130-7-270

ISBN978-4-490-20955-6 C2076　　©2017
Printed in Japan

ジョン・バノン	カードマジック	ジョン・バノン著 富山達也訳	A5判196頁 本体3,000円
エリック・ミード	クロースアップマジック	エリック・ミード著 角矢幸繁訳	A5判180頁 本体3,200円
ヘルダー・ギマレス	リフレクションズ	ヘルダー・ギマレス著 滝沢敦訳	A5判160頁 本体3,200円
ホアン・タマリッツ	カードマジック	ホアン・タマリッツ著 角矢幸繁訳・TONおのさか編	A5判368頁 本体3,200円
ロン・ウィルソン	プロフェッショナルマジック	リチャード・カウフマン著 角矢幸繁訳	A5判238頁 本体3,200円
ジェイ・サンキー	センセーショナルなクロースアップマジック	リチャード・カウフマン著 角矢幸繁訳	A5判184頁 本体2,800円
世界のカードマジック		リチャード・カウフマン著 壽里竜和訳	A5判296頁 本体3,600円
世界のクロースアップマジック		リチャード・カウフマン著 TON・おのさか和訳	A5判336頁 本体3,500円
ブラザー・ジョン・ハーマン	カードマジック	リチャード・カウフマン著 TON・おのさか和訳	A5判400頁 本体3,900円
デレック・ディングル	カードマジック	リチャード・カウフマン著 角矢幸繁訳・TONおのさか編	四六判432頁 本体3,900円
ラリー・ジェニングス	カードマジック	リチャード・カウフマン著 小林洋介訳・TONおのさか編	A5判334頁 本体3,800円
アロン・フィッシャー	カードマジック	アロン・フィッシャー著 小林洋介訳・TONおのさか編	A5判172頁 本体2,800円
図解カードマジック大事典		宮中桂煥著 TON・おのさか編纂	B5判700頁 本体6,400円
カードマジック フォース事典		ルイス・ジョーンズ著 土井折敦訳	A5判416頁 本体3,700円
カードマジック カウント事典		ジョン・ラッカーバーマー著 TON・おのさか和訳	A5判260頁 本体3,600円

(定価は本体＋税となります)